EXAM *Revision*

AS/A-LEVEL

Spanish

Sebastián Bianchi

Mike Thacker

2nd edition

Philip Allan Updates, an imprint of Hodder Education, part of Hachette Livre UK, Market Place, Deddington, Oxfordshire OX15 0SE

Orders

Bookpoint Ltd, 130 Milton Park, Abingdon, Oxfordshire OX14 4SB
tel: 01235 827720
fax: 01235 400454
e-mail: uk.orders@bookpoint.co.uk

Lines are open 9.00 a.m.–5.00 p.m., Monday to Saturday, with a 24-hour message answering service. You can also order through the Philip Allan Updates website: www.philipallan.co.uk

© Philip Allan Updates 2008

ISBN 978-0-340-94925-2

First printed 2008

Impression number	5	4	3	2	1
Year	2012	2011	2010	2009	2008

Typeset by Pantek Arts Ltd, Maidstone
Printed in Spain

Hachette Livre UK's policy is to use papers that are natural, renewable and recyclable products and made from wood grown in sustainable forests. The logging and manufacturing processes are expected to conform to the environmental regulations of the country of origin.

Contents

Introduction

About the author

Sebastián Bianchi is Lector in Spanish and Teaching By-Fellow at Churchill College, University of Cambridge. He is co-author of several multimedia language programmes such as *Spanish At Your Fingertips* (BBC Active) and contributes to journals such as *Vida Hispánica* and the interactive magazine *TECLA*.

Mike Thacker is former Director of the Language Centre at the University of Surrey and Chair of Examiners in Spanish for Edexcel. Among his recent publications, as co-author, are *A Spanish Learning Grammar* (Arnold, second edition 2006) and the AS/A2 course *¡Ponte al día!* (Hodder Murray, second edition 2008).

Sebastián Bianchi and **Mike Thacker** are co-authors of the following series published by Philip Allan Updates:
- *AS/A-Level Spanish Exam Revision Notes* (2001)
- *AS Spanish Resource Pack* (2004)
- *A2 Spanish Resource Pack* (2005)
- *AS/A-Level Spanish Question and Answer Guide* (2008)

About this book

This edition has been written in response to changes in the specifications of the main English awarding bodies (AQA, Edexcel and OCR). These changes are for teaching from 2008 onwards, at AS and A2. The main components of the study of Spanish at A-level remain in place, but the boards have made some significant changes: the general topic areas have been revised, speaking and writing examinations have been overhauled, and the study of literature reduced. This edition takes full account of these changes, covering the vocabulary, grammar, speaking skills and cultural requirements of the new examinations extensively. Throughout the book the examples are targeted specifically at either AS or A2 students and given a Hispanic context so as to broaden both cultural and linguistic knowledge. These examples can be used as models when preparing for the examination. Most of the sample dialogues in Chapter 4 are based on authentic conversations with A-level students.

In order to give a clear idea of the type of content required in the examination at each level, the vocabulary and speaking topics are listed under either AS or A2; the grammar sections also refer to the different expectations at both levels, but less specifically as they are necessary for both. At the beginning of each chapter there is advice about the exact level of sophistication required for AS/A2, and at the end of each chapter there are AS and A2 pointers, which provide a reminder of what to do and what not to do at each level. The useful vocabulary and/or phrases that would enhance performance at each level have been highlighted in **blue**, in order to help students focus on them.

The contents of the chapters

Chapter 1 Vocabulary

- A detailed vocabulary for six of the most common topics set by the different examination boards at AS and another six at A2, including vocabulary lists, specimen sentences/paragraphs and sample essay titles. The topics are divided into AS and A2, and illustrate the degree of complexity required at each level.
- A series of practical steps on how to learn the vocabulary in an active way.
- A list of common vocabulary problems, comprising:
  - (i) special cases of number
  - (ii) answers to the question 'with or without an accent?'
  - (iii) common spelling mistakes
  - (iv) common errors of use
- AS and A2 pointers, giving practical advice and examples on the level of language required at AS and A2.

Chapter 2 Grammar 1: Verbs

- Simple and direct explanations of how the different tenses and moods of the verb are used in Spanish, for the purpose of rapid revision.
- Brief examples to illustrate the use of verbs.
- Reference to the different demands of AS and A2.
- AS and A2 pointers, giving general advice on how to perform more effectively at each level.

Chapter 3 Grammar 2

- Simple and direct explanations of major grammar areas apart from verbs.
- Brief examples to illustrate their use.
- Reference to the different demands of AS and A2.
- AS and A2 pointers, giving general advice on how to perform more effectively at each level.

Chapter 4 Speaking

- Guidance on learning to speak Spanish effectively.
- An example of how to tackle role-play at AS (OCR candidates).
- Advice on how to tackle the A2 oral.
- Dialogues between an examiner and a candidate for six of the most commonly set topics at AS and another six for A2, each showing the different levels of sophistication required.
- A set of common pronunciation problems, describing the sounds that are most problematic for foreign speakers, followed by examples you can practise. A brief explanation of the most noticeable varieties of pronunciation in the Spanish-speaking world.
- AS and A2 pointers, giving practical advice and examples on the level of language required for success in the oral examinations.

Chapter 5 Revising the topics

- Model descriptions of four topics, two Spanish and two Spanish-American, including vocabulary, expressions and ideas to help you to focus on the requirements of the examination.
- A study of how to approach a literary text, covering author, interpretation, themes, character, scene-setting, tone and structure.
- A2 pointers covering the revision of topics and literature, and coursework preparation.

Abbreviations

The following abbreviations have been used throughout this book:

AmS América del sur (South America)
CA   Centroamérica (Central America)
Col Colombia
CS   Cono Sur (Argentina, Chile, Paraguay and Uruguay)
E   España (Spain)
HA   Hispanoamérica (Spanish America)
Méx México (Mexico)
Per Perú (Peru)
RPl Río de la Plata (River Plate region: Uruguay and central Argentina)
Ven Venezuela

lit. literario/a (literary use)

This chapter contains a detailed analysis of the following vocabulary topics, which are needed to meet the specifications starting from 2008 for AQA, Edexcel and OCR:

AS topics

- **A** Family and relations
- **B** Youth concerns and leisure
- **C** Food and drink
- **D** Transport, travel and tourism
- **E** The media
- **F** Education

A2 topics

- **G** Literature and the Arts
- **H** The environment
- **I** Technology
- **J** Justice
- **K** Social issues
- **L** Global issues

At the end of the chapter there is a section on **Common vocabulary problems** and some **AS** and **A2 pointers** to help you see what is expected of you at each level.

All the vocabulary listed in each subsection is useful at both AS and A2. However, as certain topics are more suited to AS than A2, they have been divided accordingly. This division highlights the different demands of AS and A2: A2 requires greater detail, complexity and accuracy than AS. *This does not mean that studying only the topics listed as AS — or A2 — will suffice to pass the examination!*

Remember that a good command of vocabulary is essential to pass any part of the examination. To be able to recall words and phrases it is necessary *to use* (rather than learn by heart) the vocabulary as much as possible, adding more basic or specific words to the lists as you practise.

Learning the vocabulary

- Read the specimen paragraph provided at the beginning of each topic. Underline in colour the relevant words or phrases that you don't know.
- Check the meaning of the words that you know with the translation provided or with the list. Pay special attention to those words that you don't know.
- Repeat the process with the specimen sentences.
- Choose one of the titles provided at the end of each topic and write a list of *bullet points* (AS) or an *essay* (A2) using as many of the words as possible. Ask your teacher to mark these.
- Once you have finished a topic, look especially at the words or phrases you have learnt (i.e. underlined with your colour) and write new examples using them.
- If possible, get your examples checked by a teacher or a proficient Spanish speaker.

This will help you to study and revise effectively before the examination.

AS topics

This section contains vocabulary for six topics that are commonly set at AS. The lists are by no means exhaustive, so it is highly advisable to add items as you come across them while studying the topics. Don't forget that the AS vocabulary is the 'core' vocabulary for the topic; you need to build on this core in order to be successful at A2. You should do this by revising all lists set at AS when studying at A2.

A Family and relations

1 Specimen paragraph

Contra lo que muchos creen, la familia hispana ya no se encuentra unida sólo por el cariño, ni tampoco incluye a parientes lejanos. Hoy en día, la economía y la falta de trabajo obliga a muchos jóvenes a vivir con sus padres hasta que ellos y sus respectivos novios o novias decidan dar el gran paso de casarse. Hasta entonces el hogar es un lugar donde el comportamiento de los miembros debe ser tolerado, aunque uno no se lleve bien con los otros.

Contrary to what a lot of people think, the Hispanic family is no longer united simply by bonds of affection, nor does it include distant relatives. These days many young people are forced for economic reasons and by unemployment to live with their parents until they and their respective boyfriends or girlfriends decide to take the plunge and get married. Until that moment, the home is a place where the behaviour of its occupants has to be tolerated, even if they do not get on well with each other.

2 Selected vocabulary

el aborto	abortion
el ama (f) de casa	housewife
la aprobación	approval
el cariño	affection
el comportamiento	behaviour
los cónyuges (formal)	husband and wife
el divorcio	divorce
embarazada	pregnant
el hogar	home

llevarse (bien/mal)	to get on (well/badly)
el miembro familiar	family member
la natalidad	birth (e.g. *birth rate*)
la pareja	couple; partner
los parientes	relatives
la tasa	rate

3 Specimen sentences

La planificación de la familia implica que la tasa de natalidad de España sea la más baja de toda Europa.

Family planning has led to the birth rate in Spain being the lowest in Europe.

Hoy, la actitud más liberal de las parejas españolas retrasa cada vez más el matrimonio.

Nowadays, Spanish couples delay marriage more and more because of more open-minded attitudes.

El divorcio es una opción cada vez más común en los países hispanos.

Divorce is an increasingly common option in Hispanic countries.

Una mujer embarazada no puede tener un aborto legal en Hispano-américa, y tenerlo no está bien visto socialmente.

A pregnant woman cannot have a legal abortion in Spanish America, and this practice is considered to be socially unacceptable.

Hoy en día, el concepto de ama de casa ya casi no existe, ya que ambos cónyuges trabajan.

Nowadays the idea of 'housewife' has almost ceased to exist, since both partners work.

Los hispanos suelen buscar la aprobación de la familia para tomar decisiones importantes.

In Hispanic countries people usually seek the approval of their families before making important decisions.

4 AS bullet points/A2 essay titles

- ¿Por qué crees que el número de divorcios en los países hispanos es muy bajo? Enumera por lo menos tres razones, relacionándolas con uno o dos países.

- El dicho español "el casado, casa quiere" se refiere a la necesidad de independencia de los hispanos que se casan. ¿Existe esta actitud en tu país de origen? Explica.

- ¿Qué papeles representa cada cónyuge en un matrimonio tradicional? ¿Crees que pueden invertirse? ¿Por qué (no)?

- La tasa de natalidad de España es muy baja. ¿Cuáles son las causas y las consecuencias de dicho fenómeno?

- Enumera los pros y los contras de vivir con la familia hasta casarse.

B Youth concerns and leisure

1 Specimen paragraph

En países como Argentina, los jóvenes cada día enfrentan más peligros cuando salen. Ya no se trata solamente de trasnochar con los amigos hasta altas horas de la madrugada en un bar o una discoteca. En dichos lugares, aparte de poder escuchar música, tomar una copa/un trago, socializar o bailar, muchas veces hay consumo de drogas, totalmente prohibido por las autoridades, y se bebe tanto que el alcoholismo ha empezado a preocupar a los padres.

In countries like Argentina, it is becoming more and more dangerous for young people to go out. It's not just a matter of staying out with friends until the small hours in a bar or a disco. In these places, as well as being able to listen to music, have a drink, socialise or dance, they often take drugs that are completely forbidden by the authorities, and so much drinking goes on that parents have begun to get worried.

2 Selected vocabulary

a la moda	fashionable
la carrera	degree course; career
el/la compañero/a	companion; classmate; friend
el consumo de drogas	drug use
la costumbre	custom; habit
la dieta	diet
la discoteca	nightclub; disco
el/la fumador/a	smoker
gastar	to spend
la presión/influencia de grupo	peer pressure
la libertad	freedom
la madrugada	dawn; daybreak
la marca	make; brand
la movida (E)	scene (e.g. *the London scene*)
el ocio	leisure time
prohibido/a	forbidden
el SIDA (Síndrome de Inmuno Deficiencia Adquirida)	AIDS
las tiendas; los negocios (CS)	shops
tomar una copa/un trago (HA)	to have a drink
trasnochar	to stay up all night
la vida sana	healthy life (style)

3 Specimen sentences

Las carreras universitarias en los países hispanos duran normalmente seis años.	University degree courses in Hispanic countries are usually 6 years long.
Según una encuesta reciente, a los jóvenes españoles les encanta gastar su dinero haciendo compras de ropa de marca o en tiendas/negocios de productos importados.	According to a recent survey, young Spaniards love to spend their money buying designer clothes or in shops selling imported goods.
En sus ratos de ocio, la mayoría de los muchachos hispanoamericanos practican algún deporte, tal como el fútbol.	In their free/leisure time, most Spanish-American boys play a sport, like football.
La libertad sexual cada vez mayor tiene aspectos positivos, aunque también acarrea problemas, como la propagación de enfermedades como el SIDA.	Increasing sexual freedom can be viewed positively, although it also brings with it problems such as the spread of diseases like AIDS.
Dicen los expertos que la edad de los fumadores es cada vez menor, y que se comienza con dicho hábito debido a la presión/influencia de grupo en la mayoría de los casos.	Experts say that people take up smoking at an ever younger age, and that in most cases the habit begins because of peer pressure.
La movida madrileña está en evidencia en los bares, discotecas y cines de, por ejemplo, la Gran Vía.	The movida in Madrid is in evidence in bars, discos and cinemas in, for example, the Gran Vía.
Las chicas mexicanas tienden a compararse con sus compañeras y tratan de estar siempre a la moda.	Mexican girls tend to compare themselves with their friends and always try to be fashionable.
Los programas televisivos que estimulan llevar una vida sana gozan de mucha popularidad entre los chilenos.	Television programmes which promote a healthy lifestyle are very popular among Chileans.
Si bien dormir la siesta es una costumbre típicamente hispana, cada vez es menos común en las grandes ciudades, donde se trabaja de corrido.	Although taking a siesta is a typical Hispanic custom, it is less and less common in big cities, where people work right through the day.

4 AS bullet points/A2 essay titles

- Haz una comparación entre los jóvenes de tu país y los españoles. ¿Quiénes se divierten más y por qué?

- Fumar es un hábito muy común en España. ¿Crees que es algo cultural o simplemente una moda? ¿Puede eliminarse por completo? Enumera tus razones.

- Los jóvenes hispanoamericanos son bastante obsesivos por la buena figura y la moda. Compáralos con los jóvenes de tu país.

- Tomar una copa/un trago con los amigos, ¿es una buena costumbre o un vicio? Señala tus razones.

- El estudio de carreras universitarias es una mejor opción que formarse en un oficio manual. ¿Estás de acuerdo? Enumera tus razones.

C Food and drink

1 Specimen paragraph

No es sorprendente que la mayoría de los países hispanos sean conocidos por la cantidad y calidad de sus platos típicos, ya que a los hispanos les encanta la cocina, y sobre todo, saborear los productos locales frescos y bien aderezados. No sólo es común para ellos preparar las delicias locales, sino que comer es también un acontecimiento social. Lo normal es, por ejemplo, tener una sobremesa de incluso varias horas después de la comida, para charlar con la familia y los amigos, mientras se comen frutas y dulces de la región.

It is not surprising that most Hispanic countries are well known for the quantity and quality of their typical dishes, since Hispanic people love cooking, and they especially enjoy the taste of fresh, well-prepared local produce. It is not only usual for them to prepare local specialities, but eating is a social event too. It is normal, for example, to remain at the table for several hours after the main meal, to chat with family and friends, while eating fruit and sweets from the region.

2 Selected vocabulary

el aceite	oil
aderezado/a	seasoned
el almuerzo; la comida (E)	lunch
el bocadillo (E)	roll (lit. *little bite*)
la cerveza	beer
la delicia	delight
la dieta mediterránea	the Mediterranean diet
el dulce	sweet
la grasa	fat
hacer dieta	to go on a diet
los lácteos	dairy produce
la merienda	afternoon snack (also *picnic* in Spain)

el pastel	cake; gateau; pie
los platos típicos	typical dishes
preparar	to prepare; to cook
saborear	to savour
la sobremesa	after-lunch/after-dinner conversation
las tapas (E)	bar snacks
la taza de café	cup of coffee
las tortas	cakes; sandwiches (in Mexico)

3 Specimen sentences

La cerveza está sustituyendo poco a poco el consumo de vino entre los jóvenes venezolanos, que se identifican más con el modelo norte-americano.

The consumption of beer is gradually replacing that of wine among young Venezuelans, who identify more with the North-American model.

En los países hispanos se hacen cuatro comidas por día: primero se toma un desayuno ligero; luego se come el almuerzo/comida, normalmente con la familia; durante la tarde se toma la merienda — un café con galletas, por ejemplo; y la cena se toma desde las nueve o diez de la noche.

In Hispanic countries people eat four meals a day: first they have a light breakfast; then they have lunch, usually with the family; in the afternoon they have a snack — coffee and biscuits, for example; and dinner is eaten at 9 or 10 in the evening.

Los que conocen de cocina española, dicen que el secreto de una buena tortilla consiste en el tipo de aceite de oliva que se utiliza.

People who know about Spanish cooking say that the secret of a good 'tortilla' is the type of olive oil that is used.

Para un colombiano, ofrecer una taza de café es un símbolo de hospitalidad hacia sus visitas.

For a Colombian, offering a cup of coffee to your guests is a symbol of hospitality.

En España, normalmente se hace un descanso a media mañana para tomar unas tapas o algún bocadillo, así los trabajadores aguantan hasta el almuerzo/comida, que se toma cerca de las dos de la tarde.

In Spain, people normally take a break in the middle of the morning to have tapas or a sandwich, so workers can last out until lunch, which they have at around 2 p.m.

Si uno pide una torta en México, le traerán un sándwich o bocadillo, pero si lo hace en Uruguay, le traerán un pastel como los de cumpleaños.

If you order a 'torta' in Mexico you will be brought a sandwich or a roll, but if you do the same in Uruguay you will be brought a gateau that is like a birthday cake.

La dieta mediterránea es conocida por el buen equilibrio entre el consumo de los lácteos y las proteínas, y por su bajo contenido de grasas.

The Mediterranean diet is well known for the good balance it has between dairy products and proteins, and for its low fat content.

Hacer dieta es una costumbre que obsesiona a la mayoría de las jóvenes hispanas, ya que desean ser esbeltas.

Most young Hispanic women are obsessed with dieting, since they want to be slim.

4 AS bullet points/A2 essay titles

- ¿Por qué se dice que la dieta mediterránea es la más sana de todas? Da detalles.

- ¿Qué tipo de dieta recomendarías a un/a estudiante de tu edad? ¿Por qué?

- Describe la influencia de la cocina hispana o su consumo en tu país.

- "Agua poca y jamón hasta la boca" es un dicho español que expresa que a los españoles les gusta mucho la comida, y en abundancia. La gente de tu país, ¿también goza de comer o beber bien y mucho? ¿Cuáles son los platos típicos que comen y las bebidas que toman?

- ¿Por qué crees que la "comida rápida" se ha transformado en un fenómeno, inclusive en países como España?

D Transport, travel and tourism

1 Specimen paragraph

La industria del turismo está muy desarrollada en España. Durante un "puente", los españoles viajan en coche o en trenes rápidos como el AVE o el TALGO a las montañas o a la costa. Ellos se alojan con sus familias en "paradores", donde aprecian la historia del lugar mientras descansan. Los grandes problemas durante los fines de semana largos son que la mayoría de las habitaciones están reservadas desde temprano, y también que hay muchos atascos/embotellamientos en las carreteras debido al tráfico/tránsito cargado.

The tourist industry is well developed in Spain. When there are long weekends, Spaniards go to the mountains or the coast by car or in high-speed trains like the AVE. They stay with their families in 'paradors', where they enjoy the history of the place as they relax. The main problems during long weekends are that most rooms are reserved well in advance, and also that there are many hold-ups on the main roads because of the heavy traffic.

2 Selected vocabulary

alojarse en	to stay at
alquilar	to rent
el atasco (E); el embotellamiento (HA)	traffic jam
el autocar (E); el ómnibus (RPI)	coach
AVE	high-speed train (in Spain)
el balneario (E); el spa	spa
el balneario (HA); el centro turístico costero	seaside/ holiday resort
el camión	lorry; truck (also *bus* in Mexico)
la carretera; la ruta (RPI)	main road
el coche; el auto (HA); el carro (HA)	car
el departamento (HA); el piso (E)	apartment; flat
la habitación; la pieza (HA); la recámara (Méx)	bedroom
la hora punta (E)/pico (HA)	rush hour
el hostal	cheap hotel; guesthouse
individual; doble	single; double
matrimonial	double (as in *double bed*)
el medio de transporte	means of transport
el parador	state-owned hotel (in Spain); roadside hotel (in Spanish-America)
privado/a (HA)	en suite
el puente	bridge; long weekend linked to a public holiday by an extra day's holiday in between (in Spain)
reservado/a	booked
el tráfico; el tránsito	traffic
el transporte urbano	local transport
el tren de cercanías (E)	suburban/commuter train
el tren de larga distancia/largo recorrido	long-distance train

3 Specimen sentences

Muchos turistas prefieren alojarse en hostales, ya que son más baratos que los hoteles, aunque a veces son menos cómodos.

Many tourists prefer to stay in guesthouses because they are cheaper than hotels, although they are sometimes less comfortable.

En ciudades como México D.F., los coches/autos/carros pueden circular sólo en los días permitidos. El transporte urbano es la mejor opción los otros días.

In cities like Mexico City, cars can only be driven on certain days. Local transport is the best option for the other days.

Muchos argentinos alquilan casas o departamentos/pisos en balnearios/centros turísticos costeros como Mar del Plata, para pasar sus vacaciones en familia.

Many Argentinians rent houses or apartments in seaside resorts/tourist centres on the coast, like Mar del Plata, in order to spend their holidays with their families.

En las horas punta/pico en Lima, el tráfico/tránsito se mueve muy lentamente.

At rush hour in Lima the traffic moves very slowly.

El medio de transporte más económico para hacer viajes largos en Hispano-américa es el autobús o el autocar/ómnibus.

In Spanish-America the cheapest means of transport on long journeys is bus or coach.

En los hostales hispanos normalmente no hay habitaciones privadas o con camas matrimoniales.

In guesthouses in Hispanic countries there are usually no en suite rooms or rooms with double beds.

Un accidente de tránsito entre un camión y un coche/auto cortó la carretera/ruta entre Barcelona y Tarragona.

A traffic accident involving a lorry and a car blocked the main road between Barcelona and Tarragona.

4 AS bullet points/A2 essay titles

- En tu opinión, ¿qué ventajas y desventajas presenta el turismo en España?
- El "ecoturismo" es muy popular en Centro y Sudamérica. ¿En qué consiste y en qué países hispanos se practica?
- Los paradores de España consisten en conventos y castillos históricos renovados por el gobierno, los cuales funcionan como hoteles. ¿Tú crees que es mejor conservarlos y visitarlos o alojarse en ellos? ¿Por qué?
- La ciudad de México es famosa por la contaminación causada por el tráfico. En tu opinión, ¿cómo se podría solucionar este problema en ésta u otra ciudad hispana?
- El turismo en masa a lugares como Machu Picchu, en Perú, ¿debería ser prohibido? ¿Por qué (no)?

E The media

1 Specimen paragraph

Las telenovelas o culebrones son inmensamente populares en el mundo hispano. Si bien la mayoría de estos programas televisivos procede de países como Colombia, México o Venezuela, los telespectadores de España o Chile siguen con interés las

historias fantasiosas que ofrecen un escape al público, pero que muchas veces critican la sociedad. Aparte de ser un espectáculo popular, especialmente entre las mujeres, son un instrumento de los medios de comunicación para lograr que las masas se identifiquen con los personajes. Además, las historias trascienden las fronteras de cada país.

Soap operas or *culebrones* are tremendously popular in the Hispanic world. Although the majority of these television programmes come from countries like Colombia, Mexico or Venezuela, viewers in Spain and Chile are interested spectators of the fantasy stories which offer a means of escape to the audience, and which often criticise society. As well as being popular viewing, especially among women, they are an instrument used by the media to get the masses to identify with the characters. Furthermore, the stories extend beyond the borders of each country.

2 Selected vocabulary

el anuncio; el aviso (HA)	advertisement
el canal	channel
criticar	to criticise
el culebrón; la telenovela	soap opera
el diario	daily newspaper
doblar	to dub
el espectáculo	show
hacer propaganda/publicidad	to advertise a product
las masas	masses
matutino/a	morning (e.g. *morning paper*)
los medios de comunicación	the media
las noticias	news
el periódico	newspaper
el programa televisivo/de radio (E)/ radial (HA)	television/radio programme
la publicidad	advertising
el público; la audiencia	public; audience
el sensacionalismo	sensationalism
subtitulado/a	subtitled
el telespectador	television viewer
televisivo/a	television (e.g. *television channel*)
transmitir	to broadcast
vespertino/a	evening (e.g. *evening paper*)
en vivo y en directo	live (e.g. *live broadcast*)

3 Specimen sentences

Algunos medios utilizan el sensacionalismo para vender, o para tener mayor audiencia, y por eso, en muchos casos distorsionan la realidad gravemente.

Some of the media use sensationalism to sell, or to increase their audience, which is why they often seriously distort reality.

Los periódicos/diarios nacionales suelen expresar tendencias políticas en la mayoría de los países hispanos.

In most Hispanic countries national newspapers usually express political bias.

Ya que muchos programas televisivos populares están en inglés, en Argentina son subtitulados, mientras que en España se doblan.

Since many popular television programmes are in English, they are subtitled in Argentina, while in Spain they are dubbed.

La televisión española cada día pasa más anuncios/avisos, ya que la publicidad es su mayor fuente de ingresos.

Increasingly, Spanish television shows more advertisements, because advertising is its main source of revenue.

En los Estados Unidos, hacer propaganda de ciertos productos en español atrae a un gran sector de la población, que es de origen hispano.

In the USA, advertising certain products in Spanish attracts a large part of the population, which is of Hispanic origin.

Los programas de radio/radiales matutinos/vespertinos dan las noticias más importantes a nivel local, nacional e internacional.

Morning/evening radio programmes give the most important news at local, national and international level.

El Presidente transmitió un mensaje de alerta en vivo y en directo para todo el país por este canal televisivo.

The President broadcast live a warning to the whole country on this television channel.

4 AS bullet points/A2 essay titles

- ¿Crees que los medios de comunicación tienen el derecho de exponer la vida privada de políticos y de personalidades importantes? ¿Por qué (no)?

- "Los canales tienen una gran influencia sobre la opinión de las masas". ¿Estás de acuerdo con esta afirmación? Justifica tu respuesta con cinco razones.

- ¿Prefieres ver programas o películas hispanos en versión original, con subtítulos o doblados? Justifica tu respuesta.

- Si pudieras ¿eliminarías toda la publicidad de los medios de comunicación? ¿Por qué (no)?

- La televisión hispana muestra cada día más violencia. ¿Crees que ésa es la causa o la consecuencia de la violencia real? Explica.

F Education

1 Specimen paragraph

La educación es gratis y de buen nivel en muchos países de Hispanoamérica. En Cuba, por ejemplo, los maestros y profesores tienen mucha preparación para poder enseñar sus materias/asignaturas. Lamentablemente, muchas veces las aulas no están bien equipadas y los profesores están poco motivados. Es por eso que algunos alumnos/estudiantes tienen un rendimiento escolar bajo y suspenden/reprueban en los exámenes.

Education is free and of a high standard in many Spanish-American countries. In Cuba, for example, primary and secondary teachers are highly trained in order to be able to teach their subjects. Unfortunately, the classrooms are often not well equipped and the teachers are poorly motivated. This is why some students do not do very well at school and fail their examinations.

2 Selected vocabulary

el/la alumno/a	pupil; student
aprender	to learn
aprobar	to pass (e.g. *to pass an exam*)
asistir	to attend
el aula (f)	classroom; lecture room
el bachillerato	secondary education and the leaving qualification obtained
la composición; la redacción	essay; assignment
la educación primaria/secundaria	primary/secondary education
enseñar	to teach
la enseñanza; la docencia	teaching
escolar	school (e.g. *school term*)
la escuela; el colegio	school
el/la estudiante	student
el examen	exam
el jardín de infancia/infantes (RPl)	nursery school; kindergarten
las lenguas modernas/romances	modern/Romance languages
el/la maestro/a	(primary) teacher
la materia; la asignatura	subject
obligatorio/a	compulsory
privado/a; público/a	private; state (e.g. *state school*)

el/la profesor/a	(secondary; university) teacher
la prueba	test
el rendimiento	performance
suspender (E); reprobar (HA)	to fail
el tema	topic

3 Specimen sentences

Asistir a la escuela secundaria es obligatorio en Argentina, ya que haber terminado este nivel es el requerimiento mínimo para poder trabajar.

Attendance at secondary school is compulsory in Argentina, since the completion of this level is the minimum requirement to be able to work.

Para poder escribir una composición/ redacción sobre un tema de actualidad, hay que aprender por lo menos lo básico y mantenerse informado.

To be able to write an essay about a present-day topic, you have to learn at least the basic information and keep yourself informed.

Los/Las alumnos/as que no aprueban/ reprueban/suspenden el curso de bachillerato, deben repetir los exámenes hasta lograr resultados satisfactorios y poder pasar al próximo nivel.

Students who fail their *bachillerato* have to repeat their examinations until they achieve satisfactory results and can go on to the next level.

En muchos colegios privados es necesario dar una prueba para el ingreso.

In many private schools you have to take an entrance test.

Cada día se estimula más la enseñanza de las lenguas modernas como el inglés y el francés en los jardines de infancia/ infantes de Sudamérica, y así los niños las aprenden desde una edad muy temprana.

The teaching of modern languages like English and French is promoted increasingly at nursery school in South America, and so children learn them from a very early age.

4 AS bullet points/A2 essay titles

- Las escuelas mixtas son cada vez más comunes. ¿Cuáles son sus ventajas y desventajas comparadas con las de niñas o niños?

- ¿Te parece que el español debería enseñarse en la escuela primaria en tu país? ¿Por qué (no)?

- Si los alumnos no aprueban sus exámenes en la escuela secundaria, ¿deberían repetirlos, como en los países hispanos? ¿Por qué (no)?

- En tu opinión, ¿para que tipo de trabajo te prepararía el estudio del español a nivel avanzado?

- En España e Hispanoamérica se estudian muchas asignaturas por año (a veces hasta doce) en los colegios secundarios. Enumera las ventajas y/o desventajas de estudiar muchas o pocas materias.

A2 topics

This section contains six topics relevant to A2 for teaching from 2008 onwards. Remember that when studying for A2, it is assumed that you have mastered the vocabulary necessary to pass AS. This means that you should have mastered the topics in the previous section before tackling the following topics.

In order to analyse the specimen paragraph and sentences in each of the following topics, you will have to draw words and phrases not only from the A2 list, but sometimes also from the lists provided for other topics at AS in the previous section.

G Literature and the Arts

1 Specimen paragraph

Cuando uno piensa en la literatura en lengua castellana, viene a la mente inmediatamente uno de los mayores exponentes del Siglo de Oro español: Miguel de Cervantes Saavedra (1547–1616), y su obra maestra: *El ingenioso hidalgo don Quijote de la Mancha*. Ésta es más que una simple sátira de las novelas caballerescas de la época; es un relato cómico, pero también conmovedor. Hoy en día, la literatura hispana tiene un vigor impresionante: el premio Nobel colombiano Gabriel García Márquez (1928–), por mencionar sólo uno de miles de escritores hispanos, continúa conmoviendo a multitudes de lectores con sus cuentos y novelas emocionantes, que encabezaron el movimiento llamado "realismo mágico", por su combinación de la realidad con la magia, temas comunes en la narrativa/ficción hispanoamericana.

When you think about literature written in Spanish there comes to mind straight away one of the finest writers of the Spanish Golden Age, Miguel de Cervantes Saavedra (1547–1616), and his masterpiece, *El ingenioso hidalgo don Quijote de la Mancha* [Don Quixote]. This book is not just a satire on chivalric romances of the period; it is a comic tale but also a moving one. Hispanic literature today is impressively vigorous: the Colombian Nobel prize-winner, Gabriel García Márquez (1928–), to mention only one of thousands of Hispanic writers, continues to move scores of readers with his exciting short stories and

novels. These works started off the so-called 'magic realism' movement, with its combination of reality and magic, which are common themes in Spanish-American narrative/fiction.

2 Selected vocabulary

el acto	act (of play)
el ambiente	mood; atmosphere
el argumento; la trama	plot; story line
el/la autor/a	author
el capítulo	chapter
el/la cineasta	film-maker
la cinematografía	cinematography; cinema
cómico/a	comic (e.g. *comic play*); comical
el cuento	short story
el desenlace	dénouement
el/la dramaturgo/a	playwright; dramatist
la escena	scene
el escenario	setting; stage
el/la escritor/a	writer
la escultura	sculpture
el estilo	style
la fuente	source
el género	genre
gracioso/a; divertido/a	funny; comical; amusing
el héroe; la heroína	hero; heroine
la ironía	irony
el juego de palabras; el albur (Méx)	pun
el/la lector/a	reader
literario/a	literary
la lírica	(lyric) poetry
la literatura	literature
la metáfora	metaphor
el monólogo; el soliloquio	monologue; soliloquy
la moraleja	moral (e.g. *the moral of the story*)
el móvil	motive
el narrador (en primera persona)	(first-person) narrator
la narrativa; la ficción	fiction
la novela	novel
el/la novelista	novelist
la obra (maestra)	work; (master)piece
la obra de teatro/teatral	(theatre) play; drama

la pantalla	screen
la parodia	parody
el personaje	character (e.g. *secondary character*)
pintar; representar; retratar	to depict; to portray
la pintura	painting (e.g. *the art of painting*)
el poema	poem
la poesía	poetry; poem
el poeta; la poetisa	poet
el/la protagonista	protagonist
el realismo (mágico)	(magic) realism
la (escena) retrospectiva	flashback
la sátira	satire
la tragedia	tragedy
la vanguardia	forefront; vanguard

3 Specimen sentences

Aunque muchos dicen que la lírica es un género que ha perdido popularidad, las poesías/los poemas en español, como las/los de Gustavo Adolfo Bécquer, son muy citadas/os.

Although many people say that lyric poetry is a genre that has become less popular, poems in Spanish, like those of Gustavo Adolfo Bécquer, are often quoted.

El argumento/La trama de la película "Abre los ojos", del cineasta español Alejandro Amenábar, combina magistralmente escenas retrospectivas con escenas actuales en las que el héroe descubre qué es real y qué no.

The plot of the film *Abre los ojos* ('Open Your Eyes'), by the Spanish director/film-maker Alejandro Amenábar, combines, in a masterly fashion, flashbacks with scenes from the present, in which the hero discovers the difference between what is real and what is not real.

El acto final de la obra teatral "La Casa de Bernarda Alba", del genial dramaturgo y poeta granadino Federico García Lorca, presenta un ambiente tenso, donde las pasiones llevan a la tragedia.

The last act of the play *La Casa de Bernarda Alba* ('The House of Bernarda Alba'), by the brilliant dramatist and poet from Granada, Federico García Lorca, has an atmosphere full of tension, in which passions lead to tragedy.

En el primer capítulo de *"El túnel"*, del argentino Ernesto Sabato, que tiene un narrador en primera persona, el protagonista se confiesa a través de un largo monólogo que empieza con el desenlace de su crimen, y después conocemos su móvil.

In the first chapter of *El túnel* ('The Tunnel'), by the Argentine writer Ernesto Sabato, which has a first-person narrator, the protagonist makes his confession by means of a long monologue. This begins with the dénouement, revealing his crime, and we learn of his motive subsequently.

Autores tales como la novelista mexicana Laura Esquivel retratan a sus personajes de manera visual, utilizando muchas metáforas en su narrativa.

Authors like the Mexican novelist, Laura Esquivel, depict their characters in a visual manner, using metaphor frequently in their fiction.

La cinematografía mexicana está muy a la vanguardia, y directores tales como Guillermo del Toro y Alfonso Cuarón llevan temas hispanos a la pantalla grande.

Mexican cinema is in the vanguard, and directors like Guillermo de Toro and Alfonso Cuarón are taking Hispanic themes to the wide screen.

La parodia de los valores de la sociedad española está muy presente en las películas del manchego Pedro Almodóvar, que inyecta sus escenas de muchos episodios graciosos y de juegos de palabras, como en *"Mujeres al borde de un ataque de nervios"*.

Parody of the values of Spanish society is a feature of the films of the Manchegan director, Pedro Almodóvar, who fills his scenes with amusing episodes and plays on words, as in *Mujeres al borde de un ataque de nervios* ('Women on the Verge of a Nervous Breakdown').

El artista colombiano Fernando Botero presenta un estilo inconfundible en sus pinturas y esculturas, con sujetos hispanos gordos y desproporcionados.

The paintings and sculptures of the Colombian artist Fernando Botero have an unmistakeable style, with Hispanic figures that are fat and out of proportion.

El gran escritor argentino Jorge Luis Borges utilizaba como fuente para sus narraciones tanto la historia nacional como clásicos literarios ingleses.

The great Argentine writer, Jorge Luis Borges, used national history as well as English literary classics as a source of his fiction.

Si bien Don Quijote está loco, Cervantes usa la ironía para darnos a entender que todos somos así. La moraleja es que debemos aprender a seguir nuestros principios, aun cuando no sean comprendidos.

Although Don Quixote is mad, Cervantes employs irony to imply that we are all like that. The moral is that we should learn to follow our principles, even when not understood by others.

A2 essay titles

- En las obras teatrales de Federico García Lorca, ¿qué emoción humana triunfa? ¿Por qué? Considera la época y el contexto en que fueron escritas.
- Describe la trama de una de las películas de los directores mexicanos más famosos de los últimos años, como Guillermo del Toro, Alejandro Gonzáles Iñárritu o Alfonso Cuarón.
- Analiza un extracto o un cuento que utilice el "realismo mágico" como estilo. Explica qué elementos son mágicos y cuáles reales.
- Analiza un cuento en español y explica cuál es el móvil de los protagonistas, el tono de la obra (por ejemplo, cómico, trágico, etc.), y su moraleja.
- Elige un/a autor/a de España o Hispanoamérica y evalúa su obra, explicando por qué te gusta leerla.

H The environment

1 Specimen paragraph

El alto nivel de contaminación/polución del medio ambiente preocupa cada vez más a las autoridades de ciudades tales como México D.F. Esta urbe, una de las más grandes del planeta, se encuentra situada en un valle, rodeada de montañas, y por lo tanto el humo no puede escapar. Para poder purificar el aire, el gobierno ha tomado medidas dirigidas a controlar la circulación de los automóviles y las emanaciones tóxicas de las fábricas cercanas.

The high level of atmospheric pollution is an increasing headache for the authorities in places like Mexico City. This city, one of the biggest in the world, is situated in a valley surrounded by mountains, and so the smoke cannot escape. In order to purify the air, the government has taken steps to control car traffic and toxic emissions from nearby factories.

2 Selected vocabulary

el agente contaminante	pollutant; contaminant
agropecuario/a	agricultural and livestock
el agua potable	drinking water
el aire	air
el automóvil	car; automobile
la basura	rubbish; litter
(bio)degradable	(bio)degradable
el bosque	wood; forest

la capa de ozono	ozone layer
concienciar (E); concientizar (HA)	to make (somebody) aware
conservar	to preserve
la contaminación; la polución	pollution
contaminar	to contaminate; to pollute
la ecología	ecology
ecológico/a	ecological; environmentally friendly
las emanaciones tóxicas	toxic emissions
la fábrica	factory
el humo	smoke
medioambiental	environmental
el medio ambiente	environment
la montaña; la sierra	mountain; mountain range
mundial	worldwide; global
la naturaleza	nature
el planeta	planet
purificar	purify
los químicos	chemicals
el reciclaje	recycling (e.g. *paper recycling*)
los recursos	resources
renovar	to renew
los residuos	waste
la selva	forest; (tropical) jungle
tomar medidas	to take steps/measures
la urbe	large/major city
el valle	valley
el vertedero; el basural (HA)	tip; rubbish dump
verter	to dump; to tip
la zona rural/urbana/industrial	rural/urban/industrial zone

3 Specimen sentences

Aunque la tolerancia de nuestros oídos hacia el ruido sea alta, éste sigue siendo un agente contaminante serio que hay que controlar en las grandes ciudades.

Although we can tolerate very loud noises, noise continues to be a serious pollutant that has to be controlled in big cities.

En ciertas zonas rurales de Jalisco, México, el problema mayor es obtener agua potable. Los bajos recursos económicos de las comunidades no permiten purificar el líquido esencial para todos.

In certain rural areas in Jalisco, Mexico, the biggest problem is to get drinking water. The scarcity of financial resources of the local people does not allow purification of the liquid that is essential for everybody.

Para lograr mantener la fuente de vida y belleza que se observa en la naturaleza de la selva amazónica y centroamericana, se han desarrollado planes de turismo ecológico llamados "ecoturismo".

Plans for ecological tourism, called 'ecotourism', have been developed in order to maintain the sources of life and beauty which can be seen in the jungles of the Amazon and Central America.

Al contaminar el aire mediante los químicos de aerosoles y solventes, por ejemplo, se debilita la capa de ozono, que filtra rayos nocivos para la piel humana.

When we pollute the air with the chemicals in aerosols and solvents, for example, we reduce the ozone layer, which filters rays harmful to human skin.

Los bosques y selvas tropicales sudamericanos constituyen el más grande "pulmón" mundial, y es indispensable conservarlos y renovarlos.

The South-American woods and rainforests are the 'lungs' of the world and it is essential to conserve and renew them.

En Chile, la gente se está concienciando/concientizando de comprar productos biodegradables y de practicar el reciclaje de la basura producida en las casas diariamente.

In Chile people are becoming aware that they should buy bio-degradable products and recycle the household rubbish that is produced daily.

La Unión Europea subvenciona la industria agropecuaria española, que abastece de frutas y verduras a gran parte de los países participantes.

The European Union subsidises the Spanish agricultural and livestock industry, which supplies fruit and vegetables to most of the member states.

La Organización Mundial de la Salud (OMS) promueve la ecología y sanciona reglas para mantener el equilibrio medioambiental.

The World Health Organisation (WHO) promotes the under-standing of ecology and approves regulations for the maintenance of environmental balance.

Actualmente, se lucha para que algunas regiones de Sudamérica no se conviertan en vertederos/basurales de otras más industrializadas. Sin embargo, las fábricas vierten residuos, a veces inclusive residuos radioactivos, en dichas zonas, contaminándolas.

At the present time we are fighting to prevent some parts of South America from turning into rubbish dumps for other, more industrialised countries. Nevertheless, the factories dump their waste, sometimes even radioactive waste, in these areas, so polluting them.

4 A2 essay titles

- Menciona por lo menos cinco agentes contaminantes presentes en algún país hispano. ¿Qué efecto causa cada uno en el paisaje o la gente?

- ¿Crees que el hombre siempre destruye el medio ambiente que lo rodea? ¿Por qué (no)? ¿Cómo?

- Menciona los problemas ecológicos y ambientales de países como México u Honduras. ¿Qué sugerencias darías a los gobiernos locales para lograr un mejor nivel de salubridad y protección?

- Compara la contaminación ambiental en tu país con la de un país hispano. ¿En qué se diferencian? ¿Por qué?

- "Para evitar la contaminación del aire, es imperativo trasladar las zonas industriales o disminuir su tamaño". ¿Estás de acuerdo con esta recomendación? ¿Por qué (no)?

Technology

1 Specimen paragraph

Los avances tecnológicos de las últimas décadas han cambiado totalmente el panorama laboral en España e Hispanoamérica, al igual que en todo el mundo. Mediante el uso de (el/la) Internet o la Red, no sólo se ha acrecentado la comunicación comercial, sino que la inmediatez de los correos electrónicos y los "chat" también han acercado a miles de emigrantes a sus familias en la patria chica. Sin embargo, este avance ha traído consigo mayor presión en la producción. Es indispensable escribir todo con un buen procesador de textos y, en muchos casos, enviar adjunto un CD/DVD de datos, este último formateado al gusto y estilo de los que esperan recibir un simple informe. El trabajador también debe estar disponible aun fuera de horario en su móvil/celular. Todo esto contribuye a un mayor nivel de eficiencia, pero también acrecienta el estrés. Aun así, la informática seguirá jugando un papel central en el trabajo e inclusive la vida privada del trabajador.

In recent decades, technological progress has completely changed the overall picture of work in Spain and Spanish America, as in the rest of the world. The use of the internet, or 'web', has not only led to growth in commercial communication but also the immediacy of e-mail and 'chat' has brought thousands of emigrants closer to their families in their home countries/regions. This progress has, however, brought with it greater pressure for production. It is essential to write everything with a good word-processor and, in many cases, to enclose a data CD/DVD, which is formatted to the taste and style of those awaiting a simple report. The employee must also be available on his mobile, even outside working hours. All this contributes to a greater level of efficiency, but stress increases too. Even so, information technology will continue to play a central role in work and even in the private life of the employee.

2 Selected vocabulary

adjuntar	to attach; to enclose
el aparato	appliance; device
el archivo	file

el avance; el adelanto	advance
el contestador automático	answering machine
el control remoto; el mando a distancia (E)	remote control
el correo electrónico	electronic mail; e-mail
el CD; el DVD (de datos)	(data) CD; DVD
la eficiencia	efficiency
la electrónica	electronics
la fabricación	manufacturing
formateado/a	formatted
la genética	genetics
el grabador; la grabadora	tape recorder
grabar	to record
la impresora	printer
imprimir	to print
inalámbrico/a	cordless
la informática	computer science; computing; ICT
la ingeniería nuclear/genética/civil	nuclear/genetic/civil engineering
Internet (E); el/la internet (HA); la Red	internet; the Web
la investigación	research
el (teléfono) móvil (E)/celular (HA)	mobile (phone)
el ordenador (E); la computadora personal	personal computer
el/la portátil	laptop
la pila	battery
el procesador de textos	word processor
el ratón (E)/mouse (HA)	mouse (e.g. *computer mouse*)
el teclado	keyboard (e.g. *computer keyboard*)
tecnológico/a	technological

3 Specimen sentences

Estoy buscando un/a ordenador/ computadora para mi trabajo. Como viajo mucho, debe ser portátil, pero también quisiera que tenga teclado en español y un ratón/mouse externo, para trabajar más cómodo.

I'm looking for a computer for my work. Since I travel a lot, it must be portable, but I would also like it to have a Spanish keyboard and an external mouse, in order to work more comfortably.

Junto con este correo electrónico le adjunto un detalle del software necesario para realizar el proyecto.

I attach to this e-mail message information about the software needed to carry out the project.

La genética ha logrado adelantos/avances muy importantes en los últimos años. En Cuba, por ejemplo, hoy en día es posible detectar y curar defectos graves en los niños que todavía no han nacido.

Genetics has made significant progress in the last few years. In Cuba, for example, nowadays it is possible to detect and cure serious defects in unborn children.

"Éste es el contestador automático de la Empresa *Bianchi & Thacker,* S.A. Por favor, grabe su mensaje después de la señal".

'This is the answerphone of Bianchi & Thacker Ltd. Please record your message after the tone.'

La ingeniería civil ha encontrado nuevas maneras de utilizar materiales inocuos para la fabricación de casas y edificios en Valencia, España.

Civil engineering has discovered new ways of using safe materials for the construction of houses and buildings in Valencia, Spain.

¡Esta impresora es un desastre! He intentado imprimir estos archivos cinco veces, y no hay caso.

This printer is awful! I've tried to print these files five times, with no luck.

Paulatinamente, la investigación de los ingenieros y lingüistas ha logrado aplicar la electrónica al aprendizaje del castellano.

Engineering and linguistic research has gradually succeeded in applying electronics to the learning of Spanish.

¿Estás segura de que tu grabador/a tiene pilas nuevas? Creo que no funciona bien porque son viejas.

Are you sure that your (tape) recorder has new batteries? I think it isn't working very well because they are old.

Estamos tan acostumbrados a manejar aparatos inalámbricos que nos parece raro si un televisor no tiene control remoto/mando a distancia, por ejemplo.

We are so used to using cordless appliances that it seems strange to us if, for example, a television does not have a remote control.

4 A2 essay titles

- Da por lo menos cinco razones a favor o en contra del uso de (el/la) Internet en el trabajo o en la vida privada.

- Los hispanos son grandes usuarios de los teléfonos móviles/celulares. Compáralos con los jóvenes y los adultos de tu país. ¿Quiénes abusan más de este aparato? ¿Por qué?

- La genética está desarrollando proyectos muy controvertidos, tales como la clonación de seres vivos. ¿Crees que hay que limitar sus alcances? ¿Por qué (no)?

- (El/La) Internet ¿puede ser utilizado/a para mejorar el aprendizaje de lenguas como el español? ¿Cómo?

- ¿Crees que es necesario intentar vivir sin depender siempre de los aparatos que nos rodean cada día? ¿Por qué (no)?

J Justice

1 Specimen paragraph

A medida que transcurre el tiempo, se hace cada vez más difícil el control de la entrada de inmigrantes ilegales al territorio español. Permanentemente, la policía arresta, y muchas veces inclusive deporta, a africanos e hispanoamericanos que, presionados por la pobreza, se ven forzados a buscar trabajo en otras tierras. Las embajadas y los consulados de las respectivas naciones pueden hacer poco si se infringen las normas/leyes de inmigración europeas. Otro delito que es sancionado de manera fuerte es el de la posesión y tráfico de drogas. Muchos tipos de droga no pueden ser consumidos legalmente en las Comunidades Autónomas de España, ya que las leyes antidroga se han hecho más estrictas por la presión social en los últimos años.

As time passes, control of the entry of illegal immigrants into Spain gets more and more difficult. The police are constantly arresting, and often even deporting, Africans and Spanish-Americans who, driven by poverty, are obliged to seek work in other countries. The embassies and consulates of the different nations can do little if European immigration laws are infringed. Another crime that is punished heavily is the possession and trafficking of drugs. Many types of drugs cannot be consumed legally in the Autonomous Communities of Spain, since anti-drugs legislation has become stricter in the past few years.

2 Selected vocabulary

la acusación; el cargo; la denuncia	charge (e.g. *press charges*)
arrestar	to arrest
el ayuntamiento (E); el municipio; la municipalidad (HA)	town hall
bajo arresto	under arrest
la cárcel	prison; jail; gaol
comparecer (ante)	to appear (before)
la Comunidad Autónoma	in Spain, each of the 17 self-governing regions that make up the country
el consulado	consulate
la corte marcial	military court
el decreto	decree
la delincuencia juvenil	juvenile delinquency
el delito (fiscal)	(tax) crime; offence
deportar	to deport
la embajada	embassy

la evasión	evasion
los hábitos criminales	criminal habits
(i)legal	(il)legal
el indulto	pardon
infringir	to infringe; to break
el inmigrante	immigrant
el juicio	trial; judgement
la justicia	justice; the law
juzgar	to try; to judge
legalmente	legally
legislativo/a	legislative
la ley	law
la norma	rule
el referéndum; el plebiscito	referendum
el reformatorio	detention centre
el robo	robbery; burglary; theft
sancionar	to sanction; to punish
la tasa; el impuesto	tax
el tribunal	court

3 Specimen sentences

Un problema que preocupa especialmente a los ayuntamientos/las municipalidades de ciudades como Guatemala es cómo disminuir la delincuencia juvenil y mantener a los chicos en la escuela. Estos niños se inician muy temprano en los hábitos criminales, a veces empujados por la pobreza de sus padres, y terminan en reformatorios en muchos casos.

How to reduce juvenile delinquency and keep children in school is a major worry for the municipal authorities in cities like Guatemala. These children get into criminal habits very early, often driven by the poverty of their parents, and in many cases they end up in dentention centres.

Si bien un abogado español presentó acusasiones/cargos/denuncias contra el difunto ex presidente chileno Pinochet, no se lo pudo juzgar en Europa. Aun así, permanció bajo arresto en un hospital de Londres.

Although a Spanish lawyer pressed charges against Pinochet, the late ex-President of Chile, he could not be put on trial in Europe. Even so, he remained under arrest in a hospital in London.

La evasión de las tasas/los impuestos del estado tiene sanciones no sólo económicas. En muchos países hispanos la justicia suele enviar al que no pague a la cárcel. Aun así, es un delito muy común, sobre todo entre los políticos.

Evasion of state taxes has sanctions that are not only economic. In many Hispanic countries the law habitually sends tax-evaders to jail. Even so, this is a very common crime, especially among politicians.

En Argentina, el decreto que impuso la liberación o indulto de muchos criminales del gobierno militar produjo indignación y protestas generalizadas.

In Argentina, the decree which liberated or pardoned many criminals from the military government gave rise to indignation and widespread protests.

Cuando un civil comete un delito grave como un robo, muchas veces tiene que comparecer ante un tribunal, en Hispanoamérica normalmente llamado Corte Suprema de Justicia, para que su caso sea resuelto mediante un juicio público. Sin embargo, si se trata de un militar, éste debe comparecer ante una corte marcial.

When a civilian commits a serious crime, like a robbery, he/she often has to appear before a tribunal, which in Spanish America is usually called the *Corte Suprema de Justicia,* so that his/her case can be settled by public trial. However, if the accused is a member of the armed forces, he/she has to appear before a military court.

Luego de un referéndum/plebiscito, el pueblo de Puerto Rico decidió mantener su independencia política de los Estados Unidos, sólo asociándose, en parte para mantener así su cultura y lengua hispanas.

Following a referendum, the people of Puerto Rico decided to keep their political independence from the United States, and so Puerto Rico became an associated country only, partly to preserve its Hispanic culture and language.

Si bien la política legislativa estadounidense no está en contra del uso del español, el *"English only"* sigue vigente en cuestiones legales en la mayoría de los estados.

Although the political legislation of the USA is not against the use of Spanish, in the majority of states the 'English only' policy still prevails for legal matters.

4 A2 essay titles

- En tu opinión, ¿es posible acabar con la delincuencia juvenil? Si te parece posible, ¿cómo debería hacerse?

- ¿Crees que se debe estimular el ingreso de más inmigrantes de países pobres a España? ¿Por qué (no)?

- ¿Crees que los culpables de ciertos crímenes contra los pueblos de Hispanoamérica — por ejemplo, durante la dictadura militar — deberían ser juzgados en cualquier país y no sólo en el de origen? ¿Por qué (no)?

- Compara las leyes referidas al consumo de alcohol o de drogas vigentes en tu país y las que conoces de España. ¿Son muy diferentes? ¿Por qué (no)?

- En tu opinión, ¿la sociedad toma en serio el consumo de drogas? ¿Modificarías las leyes referidas a este tema? ¿Por qué (no)?

K Social issues

1 Specimen paragraph

El problema laboral se extiende a todo el mundo hispano. Algunos países que lo componen no sólo tienen altas tasas de paro/desempleo, sino que obedecen a una cultura del nepotismo. Esta última no permite acceder a un trabajo digno a aquellos que estén capacitados pero que no tengan familiares ni enchufe/cuña/palanca entre los que ofrecen los puestos. Asimismo, los sueldos no se distribuyen de una manera equitativa/pareja ni regular en muchos casos, y los trabajadores a veces tienen poca representación de los sindicatos. Ante una propuesta de trabajo injusta, tienen derecho al pataleo como en otros países, pero no obtienen respuestas. Por eso recurren a huelgas/paros con mucha frecuencia.

There are work-related problems throughout the Hispanic world. Some Hispanic countries not only have high rates of unemployment, but they adhere to a culture of nepotism. The latter problem means that those who are qualified but do not have family influence, or cannot pull strings with employers offering work, are denied access to a decent job. Likewise, in many cases salaries are not distributed in a fair or consistent way and the workers sometimes have little union representation. Faced with an unfair job offer they have the right to complain, as in other countries, but they do not get a reply. This is why they frequently go on strike.

2 Selected vocabulary

el abuso	abuse
el apoyo; el respaldo	support
la corrupción	corruption
el derecho al pataleo	right to complain (lit. *to kick*)
el desempleo; el paro (E)	unemployment; the 'dole' (in Spain)
la (des)igualdad	(in)equality
digno/a	decent (e.g. *decent salary*)
la discriminación	discrimination
el empleo	employment
el enchufe (E); la cuña (CS); la palanca	influence; contact

equitativo/a; parejo/a (HA)	equal; fair
la huelga; el paro (HA)	strike
laboral	work (e.g. *work related*)
la minoría étnica/religiosa	ethnic/religious minority
el nepotismo	nepotism
el papel; el rol	role
la pobreza	poverty
el porro	(hashish) 'joint'
la propuesta	proposal; offer
el puesto	position (e.g. *work position*)
la remuneración	remuneration; payment
las rentas públicas	revenue; public funds
sanitario/a; salubre	sanitary; healthy
el sindicato; gremio (CS, Per)	(trade) union
el soborno; la coima (AmS)	bribery; bribe
el sueldo	salary
el/la trabajador/a	worker
el trato	treatment
la villa miseria; la chabola (E)	shanty town
la violencia	violence

3 Specimen sentences

La pobreza de millones de hispanoamericanos los obliga a mudarse a las afueras de las grandes ciudades, donde no tienen más opción que vivir en villas miseria/chabolas en condiciones poco sanitarias/salubres, mientras buscan un empleo.

The poverty of millions of Spanish-Americans forces them to move to the outskirts of big cities, where they have no choice but to live in shanty towns in insanitary conditions, while looking for work.

La corrupción de muchos países hispanos se extiende desde el/la simple soborno/coima de un oficial para escapar de la ley hasta el robo de las rentas públicas por parte de políticos y gobernantes.

Corruption in many Hispanic countries extends from simple bribery of an official to get round the law to politicians and members of the ruling class stealing from public funds.

Si bien no se puede observar de manera clara que haya discriminación hacia las minorías étnicas en España, a veces se hacen comentarios infundados en los medios contra los gitanos, marroquíes o "sudacas" (término de desprecio hacia los sudamericanos).

Although it cannot be seen clearly that discrimination towards ethnic minorities exists in Spain, groundless comments are sometimes made by the media against gypsies, Moroccans or *sudacas* (a term of contempt for South Americans).

El papel/rol de la mujer en la sociedad hispana ha cambiado radicalmente con su aceptación total en el mundo laboral. Sin embargo, aún existe mucha desigualdad no sólo en la remuneración sino en su trato por parte de colegas.

The role of women in Hispanic society has changed radically with their total acceptance into the world of work. However, a lot of inequality still exists, not only in salaries but also in their treatment by colleagues.

Las calles de Caracas, Venezuela, son conocidas por la violencia que ejercen los pobres para obtener dinero, ya que el gobierno no les da suficiente apoyo/respaldo.

The streets of Caracas in Venezuela are notorious for the violence carried out by the poor to obtain money, since the government does not give them enough support.

El consumo de drogas está totalmente prohibido en México. Aun así, los jóvenes fuman porros de marihuana que consiguen en el mercado negro.

Drug-taking is absolutely prohibited in Mexico. Even so, young people smoke joints that they get on the black market.

El abuso de menores les causa tanto daño psíquico y social, que muchas veces los impulsa a escapar de sus hogares y vivir como criminales.

Child abuse causes so much psychological and social damage that those affected often run away from home and live as criminals.

4 A2 essay titles

- Menciona por lo menos cinco ejemplos de discriminación. ¿Cómo podrían evitarse? Explica.

- Busca datos y describe brevemente la situación del empleo en tu país de origen. ¿Qué similitudes y diferencias presenta con la de los países hispanos?

- Investiga sobre una minoría étnica o religiosa de un país hispano, como la de los gitanos en España. ¿Están integrados en la sociedad? ¿Se da lo mismo en tu país?

- Las condiciones en que se vive en las villas miseria o chabolas de muchos países hispanos son insalubres y hasta indignas. Si pudieras, ¿ayudarías a sus habitantes? Si es así, ¿cómo?

- El papel de la mujer en una sociedad hispana ha cambiado radicalmente. Compara los cambios con los de tu país de origen.

L Global issues

1 Specimen paragraph

Al integrarse al grupo de países que constituyen la Unión Europea, España ratificó su relación amistosa con sus vecinos. A su vez, la competencia de sus productos ha mejorado, y ha disminuido el dominio económico del mercado ejercido por los Estados Unidos. Desde entonces, los asuntos exteriores del país se consideran no tan sólo españoles, sino también europeos o mundiales.

When it joined the group of countries that make up the European Union, Spain confirmed its friendly relationship with its neighbours. At the same time, the competitiveness of its products has improved, and the USA's economic dominance of the market has diminished. Since then the country's foreign affairs have been considered not only Spanish but also European or global.

2 Selected vocabulary

activista	activist
amistoso/a	friendly
el aprovechamiento	exploitation
los asuntos exteriores	foreign affairs
atañer	to concern
el aviso	warning
belicoso/a	warlike; belligerent
la beneficencia	charity
la campaña	campaign
el/la ciudadano/a	citizen
el civil	civilian
la competencia	competition
el consumo	consumption
el derroche	waste
el desarrollo	development
desnutrido/a	undernourished
la deuda	debt
la dictadura	dictatorship
el dominio	dominion; control
el efecto invernadero	greenhouse effect
encargarse	to take charge
ETA (Euskadi ta Askatasuna = Patria Vasca y Libertad)	ETA: Basque terrorist, separatist group
el exilio	exile

el exterminio	extermination; wiping out
el gobierno de facto/militar	military/de facto government
el golpe de estado	coup d'état
la guerra	war
hacer/prestar oídos sordos	to turn a deaf ear
la libertad	freedom
el límite	boundary
el litigio	dispute; litigation
la muerte	death
la OEA (Organización de Estados Americanos)	OAS (Organization of American States)
la ONU (Organización de Naciones Unidas)	UN (United Nations)
pacífico/a	peaceful
en pos de	in pursuit of
el racismo	racism
ratificar	to ratify
el/la senador/a	senator
el separatismo	separatism
el territorio	territory
el terrorismo	terrorism
la Unión Europea	European Union

3 Specimen sentences

El terrorismo de grupos como ETA ya no sólo atañe a países como España, sino que debe ser controlado con la ayuda de la ONU.

The terrorism of groups like ETA no longer only concerns countries like Spain but has to be monitored with the help of the UN.

La dictadura ejercida por el gobierno de facto o militar en la mayoría de los países hispanos a fines del siglo XX causó la muerte y el exilio de miles de civiles que se oponían al régimen.

The dictatorship of de facto or military governments in the majority of Hispanic countries at the end of the twentieth century caused the deaths and exile of thousands of civilians opposed to the regimes.

La lucha por obtener el dominio de territorios ha conducido a muchas guerras. Tal es el caso del litigio por establecer el límite entre Perú y Ecuador, o Argentina y Paraguay.

The struggle to gain control over territories has led to many wars. This is the case with the dispute to establish the boundary between Peru and Ecuador, or Argentina and Paraguay.

Es importante detener la contaminación ambiental. Los esfuerzos de los gobiernos deben dirigirse a evitar el efecto invernadero producido por el calentamiento de la atmósfera.

It is important to stop air pollution. The efforts of governments must aim to prevent the greenhouse effect produced by the warming of the atmosphere.

La OEA es una organización que se encarga de mantener un ambiente pacífico entre las naciones americanas, su desarrollo y la protección de los derechos de sus ciudadanos.

The OAS is an organisation that is responsible for maintaining a peaceful atmosphere between the American nations, as well as ensuring the development and protection of the rights of their citizens.

A pesar de su estabilidad política durante décadas, Chile sufrió un fuerte golpe de estado en 1973, que estableció el gobierno de Augusto Pinochet. Dicha dictadura acabó en 1990, pero continuó siendo senador hasta morir.

Despite decades of political stability, Chile suffered a terrible coup d'état in 1973, which established the government of Augusto Pinochet. This dictatorship ended in 1990, but he continued to be a senator until his death.

Si bien existe libertad de culto en muchos países del Medio Oriente, el separatismo, e inclusive el racismo, es estimulado por los gobiernos, que son belicosos.

Although freedom of worship exists in many countries of the Middle East, separatism and even racism are fomented by bellicose governments.

El exterminio de especies animales preocupa a muchas organizaciones activistas, tales como Greenpeace.

The wiping out of animal species concerns many activist organisations, such as Greenpeace.

Muchos países brindan fondos a organizaciones de beneficencia para alimentar a los niños desnutridos de países africanos.

Many countries offer funds to charitable organisations to feed undernourished children in African countries.

Las grandes corporaciones muchas veces prestan oídos sordos a los avisos internacionales para detener el consumo, el aprovechamiento y el derroche de los recursos naturales del planeta.

Big corporations often turn a deaf ear to international warnings to halt consumption, exploitation and wastage of the natural resources of the planet.

Se realizan campañas permanentemente en pos de anular la deuda de países como Bolivia.

Campaigns are permanently being waged to cancel the debt of countries like Bolivia.

4 A2 essay titles

- Escribe un breve resumen sobre las condiciones de vida de un país hispano durante la dictadura militar (por ejemplo de Pinochet en Chile, o de Franco en España). ¿Cuáles fueron sus efectos generales?

- La culpa del derroche de los recursos naturales de la tierra, ¿la tienen los consumidores o las multinacionales? Da razones para tu respuesta.

- ¿Qué ventajas y desventajas trae a un país como España pertenecer a un bloque como la Unión Europea? Menciona por lo menos tres de cada una y explica.

- La guerra entre dos naciones, ¿es una opción válida en tu opinión? ¿Por qué (no)?

- ¿Qué derechos consideras tú como básicos para un individuo? ¿Por qué? Explica.

Common vocabulary problems

1 Special cases of number

Unlike English, the following nouns are singular in Spanish:

la gente	people	e.g.	**La gente de este lugar habla catalán.**
Argentina, etc.	national team	e.g.	**Argentina ganó el Mundial dos veces.**

2 With or without an accent?

- Words of one syllable do not carry a written accent in Spanish, except to distinguish between two meanings of the word. For example:

de
Es de Perú.
He/she is from Peru.

dé
Quiere que le dé dinero.
He/She wants me to give him/her some money.

el
El peso es nuestra moneda.
The peso is our currency.

él
Él es su esposo.
He is her husband.

mas (lit.)
Quisiera, mas no puedo.
I'd like to, but I can't.

más
Quiero más, por favor.
I want more, please.

mi
Mi profesora es madrileña.
My teacher is from Madrid.

mí
El mensaje es para mí.
The message is for me.

se
Se lo prohíbe la familia.
His/Her family forbids it.

sé
No sé mucho de historia.
I don't know much about history.

si
Si estudias, aprobarás.
If you study, you'll pass.

sí
Sí, he estudiado mucho.
Yes, I've studied a lot.

tu
¿Es tu turno?
Is it your turn?

tú
Tú pareces mexicana.
You look Mexican.

This rule also applies to some words with two syllables:

solo	**sólo**
Está solo en la clase.	Sólo tienes que practicarlo.
He's alone in the class.	You only have to practise.

- Demonstrative adjectives do not carry an accent but demonstrative pronouns, which replace a noun, do (see p. 75). For example:

– Esta casa es barata.	'This house is cheap.'
– ¿Quieres decir ésta?	'Do you mean this one?'
– No, ésa es cara, ésta es barata.	'No, that one is expensive, this one's cheap.'

- Interrogative and exclamative pronouns carry a written accent, whether they are direct or indirect. For example:

Direct

¿Cuántas horas estudias historia por semana?	How many hours a week do you study history?
¡Qué interesante es la historia de España!	How interesting Spanish history is!

Indirect

Me preguntó qué quería.	He/she asked me what I wanted.
Estoy estudiando cómo escribir correctamente.	I'm studying how to write correctly.

3 Common spelling mistakes

The following words are commonly misspelt:

el acento	la habilidad
el automóvil	vasco/a
el móvil	

Unless they begin a sentence, the following are always written in lower case:
- nationalities, e.g. **cubana, estadounidense, escocés, irlandesa**
- names of days, e.g. **lunes, martes, miércoles**
- names of months, e.g. **enero, agosto, octubre**
- titles, e.g. *El coronel no tiene quien le escriba.*

4 Common errors of use

Below are some pairs of words that are often used incorrectly. Examples of correct usage are given for each.

- la librería   Compré este libro en una librería en el centro de Sevilla.
  la biblioteca   Para ver estos libros medievales debes ir a la biblioteca.

- la villa   Hay muchas villas miseria alrededor de Buenos Aires.
  el pueblo   El autor de esta novela viene de un pueblo cerca de Barcelona.

- confuso/a La gramática castellana a veces es un poco confusa (*confusing*).
  confundido/a Estoy confundido (*confused*), no sé si el golpe de estado se declaró en 1972 o en 1973.

- saber No sé bien cuándo se reinstauró la democracia en España.
  conocer Conozco a un profesor de la Universidad Complutense.

- los padres Los padres del príncipe Felipe son el rey Juan Carlos y la reina Sofía.

  los parientes La mayoría de los argentinos y uruguayos tienen parientes en Europa.

- llegar tarde Lo siento. He llegado tarde porque hubo un atasco.
  ser tarde Lo siento. No puedo ir porque es tarde.

- contento/a Estoy contenta porque he aprendido mucho vocabulario.
  feliz Soy/Estoy feliz porque tengo una familia y un trabajo muy buenos.

- finalmente Finalmente, leímos las correcciones.
  eventualmente Eventualmente podrían surgir problemas, pero los técnicos están preparados para tal caso.

AS pointers

- Study words and phrases in context and don't just learn them by heart. It is common for candidates to use a synonym in the wrong context because the word or phrase has been learnt by rote, for example:

  El año pasado, la academia se movió a Salamanca.

  should be:

  El año pasado, la academia se mudó a Salamanca. Last year, the institute moved to Salamanca.

- Be consistent in your use of vocabulary specific to Spain or to a Spanish-American country (see lists). Although most items are understood across the Spanish-speaking world, they can mean different things. Compare the following two sentences:

  (a) En España hay muchos trabajadores en el paro. In Spain there are many unemployed workers.

  (b) En Bolivia hay muchos trabajadores en paro. In Bolivia there are many workers on strike.

- When preparing for an activity during the exam itself, think of key words related to it and write them down as soon as you recall them.

- Identify which register is needed for the task you are about to undertake. Decide if you are going to use *tú* (or *vos*), *usted, vosotros* or *ustedes*, since mixing registers will affect your verbs, create a lot of confusion and lose you marks.

A2 pointers

As well as the AS pointers, remember to consider the following when studying vocabulary at this level:

- The A2 exams will test your understanding and use of sophisticated vocabulary more than at AS. Where you could say or write the following at AS:

  Muchos chicos van **a la universidad para estudiar** inglés y francés **en Chile.**

  at A2 you should use more advanced vocabulary, such as:

  Muchos jóvenes asisten **a la universidad para estudiar una** carrera en letras extranjeras **en Chile.**

- Make sure that the 'connectives' you use to string your ideas together, especially in writing, are less basic. The sentence below:

  La dictadura ha terminado, pero **los militares aún tienen poder.**

  looks and sounds more advanced in the following version:

  La dictadura ha terminado. Sin embargo, **los militares aún tienen poder.**

- Try to identify more advanced vocabulary and use it in the correct context, explaining if necessary. When speaking or writing about the environment at AS, you could say or write:

  En España, se recoge la basura por la noche y luego los basureros la reciclan.

  whereas at A2 you could say or write:

  En esta Comunidad Autónoma, los desechos son recogidos para que luego se viertan en un vertedero municipal, o bien se les extraigan materias reciclables.

  This would show that you had done some research into the process of waste recycling and that you can produce vocabulary and structure at a more advanced level.

- Many candidates conjugate verbs incorrectly or don't make their adjectives agree with nouns. This is often because their sentences are so long that they mix the subject of the main clause (or sentence) and that of the subordinate or 'embedded' clause (or sentence). Careful checking is important.

- During your oral examination, you will be expected to recall words and phrases 'on your feet'. If you make a list of keywords during your preparation time, you will find this a lot easier.

This chapter is subdivided into the following headings:

A The uses of the tenses	**G** The past participle
B Special aspects of tenses	**H** *ser* and *estar*
C The subjunctive	**I** Impersonal forms and *gustar*-type verbs
D The imperative	
E The passive	**J** Reflexive verbs
F The gerund	**K** The infinitive

At both AS and A2 more mistakes are made with the verb than with any other part of speech. The verb is the most indispensable part of a sentence; it carries a number of messages that provide meaning. Knowing the form of verbs and understanding the uses of the tenses is fundamental to success in the examination. Remember the following key points:

- The *form* of the verb carries meaning. The difference between *veo* 'I see' and *ves* 'you see' is one letter at the end of the verb.
- The personal pronouns, *yo, tú* etc. are not used with the verb except in specific cases, e.g. of emphasis or contrast. Thus *creen* 'they think' has a complete meaning in itself.
- In Spanish the context of the verb is very important because the same ending is used for the third persons (él/ella) and the formal second person (usted). Thus *va* can mean 'he/she goes' or 'you go' (formal), depending on the context.
- Certain forms of the verb are differentiated only by the written accent: *hablo* means 'I speak' and *habló* 'he/she/you (formal) spoke'.

This chapter will concentrate on the meaning and uses of verbs, as well as giving their conjugation. Make sure you know:
- how the different tenses are formed
- the verb endings for all tenses, simple and compound
- the main irregular verbs

A The uses of the tenses

This section covers the uses of the following tenses in Spanish, which are common to preparation for AS and A2:

(1) Present
(2) Perfect
(3) Preterite
(4) Imperfect
(5) Future
(6) Conditional
(7) Pluperfect
(8) Future perfect
(9) Conditional perfect

There is also an explanation of the:

(10) Past anterior

1 The present

For regular verbs, the present tense is formed by adding the following endings to the stem of the infinitive:

-ar verbs: *-o*, *-as*, *-a*, *-amos*, *-áis*, *-an*
    e.g. hablar: habl + o → *hablo* (I speak)

-er verbs: *-o*, *-es*, *-e*, *-emos*, *-éis*, *-en*
    e.g. comer: com + es → *comes* (you eat)

-ir verbs: *-o*, *-es*, *-e*, *-imos*, *-ís*, *-en*
    e.g. vivir: viv + imos → *vivimos* (we live)

The present tense is used:

* to describe something that exists at the time of speaking

    En Andalucía hace **mucho calor.**   It is very hot in Andalusia.

* to describe a habit

    Las señoras ecuatorianas van **al mercado todos los días.**   Ecuadorian women go to the market every day.

* for general statements

    Los Andes son **altos.**   The Andes are high.

* for future intention

    ¿Vamos **a ver esa película de Almodóvar esta noche?**   Shall we go to see that Almodóvar film tonight?

---

* Some irregular verbs have a special form in the first person singular:

estar	to be	estoy, estás, está...
hacer	to do/make	hago, haces, hace...
tener	to have	tengo, tienes, tiene...
poner	to put	pongo, pones, pone...
conocer	to know	conozco, conoces, conoce...

* Some irregular or 'radical-changing' verbs change the spelling of the stem in the first three persons of the singular and the third person plural:

pensar	to think	pienso, piensas, piensa, pensamos, pensáis, piensan
volver	to return	vuelvo, vuelves, vuelve, volvemos, volvéis, vuelven
pedir	to ask for	pido, pides, pide, pedimos, pedís, piden
destruir	to destroy	destruyo, destruyes, destruye, destruimos, destruís, destruyen

* The use of *vos* as the informal second person in Spanish America requires verbs in the present to take the ending of *vosotros* and drop the 'i' (in very few places the 'e' instead).

    -ar verbs: *-ás* e.g. vos *mirás* (you look)
    -er verbs: *-és* e.g. vos *entendés* (you understand)
    -ir verbs: *-ís*   e.g. vos *escribís* (you write)
    This is also the case with irregular verbs, e.g. *vos sos* = *tú eres* (you are)

2 The perfect

The perfect tense is a compound tense, formed from the auxiliary verb *haber*, plus the past participle (*mirado*, *bebido*, *vivido*, etc.). It is used to connect past time with present time. It describes actions that have begun in the past and are continuing and/or have an effect *now*:

Hemos empezado a estudiar la Revolución Mexicana.	We have begun to study the Mexican Revolution. (*i.e. our study is still going on*)

The perfect tense is also used to express the very recent past, especially events that happened today:

Hoy he preparado **la maleta para ir a la fiesta de San Fermín en Pamplona.**	Today I have packed my suitcase to go to the San Fermín fiesta in Pamplona.

In certain areas of Spain (mainly Galicia) and of Spanish America (parts of Mexico, eastern Argentina and Paraguay and Uruguay, among others) the perfect is not used and is replaced by the preterite (see below). The sentence in the example above would be expressed:

Hoy preparé **la maleta para ir a la fiesta de San Fermín en Pamplona.**

Note

- There are a number of irregular past participles of common verbs, which should be learnt. These are the most common ones:

abrir	⟶ abierto		poner	⟶ puesto
decir	⟶ dicho		romper	⟶ roto
escribir	⟶ escrito		ver	⟶ visto
hacer	⟶ hecho		volver	⟶ vuelto
morir	⟶ muerto			

- When used as part of the perfect tense, the past participle *never* agrees in number or gender with the subject:

Hoy Carmen no ha venido.	Carmen hasn't come today.
Tus padres han tenido **mala suerte.**	Your parents have had bad luck.
Los turistas han llegado **en masa a Santiago de Compostela.**	The tourists have arrived en masse in Santiago de Compostela.

3 The preterite

For regular verbs, the preterite tense is formed by adding the following endings to the stem of the infinitive:

-ar verbs: *-é, -aste, -ó, -amos, -asteis, -aron*

    e.g. llamar: llam + aron ⟶ *llamaron* (they called; you (formal, plural) called)

-er and *-ir* verbs: *-í, -iste, -ió, -imos, -isteis, -ieron*

    e.g. escribir: escrib + í ⟶ *escribí* (I wrote)

The preterite tense is used in three ways:

- to express a *completed* action in the past that happened at a specific time:

  Argentina obtuvo **la independencia el 9 de julio de 1816.**   Argentina achieved independence on 9 July 1816.

- to recount actions that happened over a period in the past where the beginning and end of the period are clearly specified:

  El general Franco estuvo **en el poder desde 1939 hasta 1975.**   General Franco was in power from 1939 to 1975.

- to relate a series of events that happened within a specific period in the past:

  La semana pasada fui **con mi novia, Julia, a un bar de tapas. Al llegar allí** vimos **a Mariluz con su primo, Javier.** Nos detuvimos **para charlar un rato y después** entramos **en el bar.**   Last week I went with my girlfriend, Julia, to a tapas bar. When we got there we saw Mariluz with her cousin, Javier. We stopped to have a chat and then we went into the bar.

Note

- The preterite is frequently used with adverbs and adverbial phrases, such as *ayer, durante, la semana pasada, hace un momento/día/mes/año.*

  El avión de Colombia llegó ayer **a Madrid.**   The plane from Colombia arrived in Madrid yesterday.

  Hace dos años **las dos amigas fueron a las Islas Canarias.**   Two years ago the two friends went to the Canary Islands.

  Tuve que quedarme en Salamanca durante **más de una semana.**   I had to stay in Salamanca for more than a week.

- Students of Spanish who are also studying French often use the Spanish perfect tense (*he mirado*) when they should use the preterite (*miré*). This is because they fail to realise that the French perfect tense (*j'ai vu* etc.) is similar in its use to the Spanish preterite tense (*vi* etc.). Thus 'I saw her' in Spanish is *La vi*.

Notes on the form of the preterite

- In -*ar* regular verbs, the first person plural (*hablamos*) has the same form in the preterite as in the present tense.

- The verbs *ir* and *ser* have exactly the same form in the preterite for all persons: *fui, fuiste, fue, fuimos, fuisteis, fueron.*

- The first and third person singular of *dar*, *ir*, *ser* and *ver* — *di/dio; fui/fue; fui/fue; vi/vio* — consist of a single syllable, and do not carry an accent (see pp. 37–38).

- Verbs whose preterite stem ends in -*j*, like *decir* > *dije*, *traer* > *traje*, omit the following *i* in the third person plural: *dijeron, trajeron*.

- Many verbs have irregular preterites, which involve changes in the spelling of the stem of the verb. These forms must be learned.

4 The imperfect

For regular verbs, the imperfect tense is formed by adding the following endings to the stem of the infinitive:

-*ar* verbs: -*aba*, -*abas*, -*aba*, -*ábamos*, -*abais*, -*aban*

   e.g. mirar: mir + ábamos → *mirábamos* (we looked/used to look)

-*er* and -*ir* verbs: -*ía*, -*ías*, -*ía*, -*íamos*, -*íais*, -*ían*

   e.g. vivir: viv + ía → *vivía* (I/you (formal)/he/she lived/used to live)

The imperfect tense is used to describe three kinds of action or states in the past:

- habits or events carried out regularly

Todos los días tomábamos **unas tapas en el bar de enfrente.**	Every day we used to eat tapas in the bar opposite.
Me dijo que su abuela hablaba **euskera.**	He/She told me that his/her grandmother spoke Basque.

- descriptions

Evita era **una mujer alta y rubia.**	Evita was a tall, blond woman.

- actions that were ongoing when a particular event took place

Cuando llegó el Rey todos estaban **en silencio.**	When the King arrived everyone was quiet.

- *Three* verbs have irregular forms in the imperfect tense: *ir* (*iba*, etc.), *ser* (*era*, etc.), *ver* (*veía*, etc.).

En aquellos tiempos, la gente iba **a la plaza para socializar.**	In those days, people used to go to the square to socialise.
El gobierno no era **democrático entonces.**	The government wasn't democratic then.
Cuando era **pequeño,** veía **programas mexicanos.**	When I/he was little, I/he used to watch Mexican programmes.

5 The future

For all regular verbs (*-ar*, *-er* and *-ir*), the future tense is formed by adding the following endings to the infinitive (note that the whole infinitive is to be used, not just the stem).

-é, -ás, -á, -emos, -éis, -án

> e.g. preguntar: preguntar + *é* → *preguntaré* (I will ask)

The future tense expresses what *will/shall* happen.

El embajador llegará **mañana.**   The ambassador will arrive tomorrow.

- Unlike English, the future and the *ir* + *a* forms are interchangeable in Spanish without altering the meaning.

  El embajador va a llegar/llegará   The ambassador is going to/
  mañana.   will arrive tomorrow.

- A number of common verbs have an irregular form in the future. The most important of these are:

  decir (diré, etc.)   saber (sabré, etc.)
  hacer (haré, etc.)   salir (saldré, etc.)
  poder (podré, etc.)   tener (tendré, etc.)
  poner (pondré, etc.)   venir (vendré, etc.)
  querer (querré, etc.)

6 The conditional

For all regular verbs (*-ar*, *-er* and *-ir*), the conditional tense is formed by adding the following endings to the infinitive (note that the whole infinitive is to be used, not just the stem).

-ía, -ías, -ía, -íamos, -íais, -ían

> e.g. hablar: hablar + íamos → *hablaríamos* (we would speak)

The conditional tense expresses what *would* happen:

Si tuviera mil euros iría a   If I had 1,000 euros I would go to
España mañana.   Spain tomorrow.

- The conditional is frequently used to make polite requests.

Por favor, ¿podría hablar más lentamente?	Could you speak more slowly, please?

- Note that 'would' in English can also have the meaning of 'used to', which is conveyed by the imperfect tense in Spanish.

Cuando yo vivía **en Barcelona,** iba **a las Ramblas todos los días.**	When I lived in Barcelona I would go (i.e. I used to go) to the Ramblas every day.

- A number of common verbs have an irregular form in the conditional. These are the same verbs as those that have an irregular future, i.e. *decir* (*diría,* etc.), *hacer* (*haría,* etc.), *poder* (*podría,* etc.) (see section 5 above).

7 The pluperfect

The pluperfect tense is formed from the imperfect tense of *haber* and the past participle of the verb. Like the perfect, the participle of the pluperfect *never* agrees in gender and number with the subject.

    e.g. *habían comido* (they had eaten)

This tense expresses what *had* happened before another action in the past:

Los periódicos negaron lo que el gobierno había dicho.	The newspapers denied what the government had said.
Los españoles se habían preparado **bien para dejar la peseta antes de que España entrara en la Eurozona.**	Spaniards had prepared themselves well to give up the peseta before Spain joined the Eurozone.

8 The future perfect

The future perfect tense is formed from the future tense of *haber* and the past participle of the verb. The participle is invariable in this tense.

    e.g. *habré venido* (I will have come)

This tense expresses what *will have* happened or what *must have* happened:

Cuando vuelvas de España la crisis se habrá resuelto.	When you return from Spain the crisis will have been resolved.
La guerrilla habrá terminado. **Todo parece tranquilo.**	The guerrilla warfare must have finished. All is quiet.

9 The conditional perfect

The conditional perfect tense is formed from the conditional tense of *haber* and the past participle of the verb. The participle is invariable in this tense.

    e.g. *habría mirado* (I/you (formal)/he/she would have watched)

This tense expresses what *would have* happened:

Me habría levantado **más temprano**
si me hubieras despertado.

I would have got up earlier if you
had woken me.

10 The past anterior

The past anterior is formed from the preterite tense of *haber* and the past
participle, which is invariable in form.

   e.g. *hubo comido* (he/she had eaten)

The past anterior form has the same meaning as the pluperfect, but it is
only used in time clauses introduced by, for example, *cuando*, *en cuanto* etc.

En cuanto hubo escuchado **la noticia**
de la revolución, se marchó.

As soon as he had heard the news
about the revolution, he left.

- The use of the past anterior is mainly literary.

- The past anterior is frequently replaced by the preterite. The above
  example could also be expressed as follows:

En cuanto escuchó **la noticia de la**
revolución, se marchó.

As soon as he heard the news
about the revolution, he left.

B Special aspects of tenses

1 The preterite and the imperfect

In the examination, candidates often fail to differentiate the preterite tense,
which is used for completed actions in the past, from the imperfect tense,
which is used for 'background', habit and description in the past. The following illustrates the use of the preterite tense for a series of completed
actions.

El general Franco invadió **España desde Marruecos en julio de 1936. Rápidamente**
conquistó **la mayor parte del país. Los ciudadanos de Madrid** lucharon **contra**
el ejército nacional durante dos años pero la capital finalmente cayó. **Cuando**
terminó **la guerra civil, Franco** se pronunció **jefe de Estado.** Estuvo **en el poder**
durante 36 años.

General Franco invaded Spain from Morocco in July 1936. He quickly took
most of the country. The citizens of Madrid resisted the Nationalist army
for 2 years but finally the capital fell. When the Civil War ended, Franco
proclaimed himself head of state. He was in power for 36 years.

This description of the events could be enriched by adding a 'background' dimension to it, using the imperfect tense:

El general Franco, que era un militar muy duro y eficaz, invadió España desde Marruecos en julio de 1936. Rápidamente conquistó la mayor parte del país, ya que las fuerzas republicanas no estaban muy bien organizadas. Los ciudadanos de Madrid lucharon contra el ejército nacional durante dos años, pero la capital finalmente cayó cuando la gente no tenía ni comida ni armas para resistir más. La guerra civil terminó en 1939 y el país estaba arruinado. Franco estuvo en el poder durante 36 años.

General Franco, who was a tough, effective soldier, invaded Spain from Morocco in July 1936. He quickly took most of the country, since the Republican forces were not very well organised. The citizens of Madrid fought against the Nationalist army for 2 years but finally the capital fell when the people had neither food nor arms to resist further. The Civil War ended in 1939 and the country was in ruins. Franco was in power for 36 years.

2 Time expressions

The idea of 'for' with a period of time can be conveyed by using:

- *desde hace*

  Los cubanos tienen un régimen comunista desde hace más de 40 años.

  The Cubans *have had* a communist regime *for* over 40 years.

- *hace/hacía que* (*hacen/hacían que* also in HA)

  Hacía(n) 20 minutos que estábamos esperando el autobús.

  We *had been waiting* for the bus *for* 20 minutes.

- *llevar* followed by the gerund

  Llevamos dos años viviendo en Caracas.

  We *have been living* in Caracas *for* 2 years.

All three constructions involve a change of tense from the present in Spanish to the perfect in English, or from the imperfect in Spanish to the pluperfect in English.

3 *acabar de*

Acabar de means 'to have just'. When it is used in the present tense in Spanish it is translated by the perfect in English. When it is used in the imperfect in Spanish it is translated by the pluperfect in English.

Acaban de llegar y tienen hambre.

They have just arrived and they are hungry.

Acabábamos de comprar el nuevo piso cuando el jefe me dijo que tenía que trasladarme a Barcelona.

We had just bought the new flat when my boss told me I had to move to Barcelona.

4 ## The conditional replaced by the imperfect subjunctive ending in *-ara/ -(i)era*

The imperfect subjunctive forms *quisiera, debiera, hubiera* and *pudiera* quite commonly replace the conditional form, often as part of the pluperfect subjunctive.

Querría ⟶ Quisiera el nuevo libro de Laura Esquivel.

I'd like Laura Esquivel's new book.

Si hubiera querido comprar la pintura de Miró lo habría ⟶ hubiera hecho.

If I had wanted to buy the painting by Miró I would have done so.

C The subjunctive

The use of the subjunctive in Spanish is widespread in four tenses: present, perfect, imperfect and pluperfect. At AS you should learn the four tenses and be aware of the meaning and the major uses of the subjunctive. In order to achieve a good performance at A2 you should be able to handle the subjunctive convincingly in most contexts in which it is used.

1 ## Formation of the subjunctive

Present subjunctive

For regular verbs, the subjunctive is formed by adding the following endings to the stem of the infinitive:

-ar verbs: *-e, -es, -e, -emos, -éis, -en*
-er and *-ir* verbs: *-a, -as, -a, -amos, -áis, -an*

- The endings of *-ar* verbs are the same as the present indicative endings of *-er* verbs, and those of *-er* and *-ir* verbs are the same as the present indicative endings of *-ar* verbs, with the exception of the first person singular.

- The present subjunctive of most irregular verbs is formed by removing *-o* from the end of the stem of the first person singular of the present indicative and adding the endings listed above. Irregular verbs therefore keep the final consonant of the first person singular stem for all persons. For example: *tener: tenga, tengas, tenga, tengamos, tengáis, tengan.* Exceptions to this rule are *dar (dé, etc.), estar (esté, etc.), haber (haya, etc.), saber (sepa, etc.)* and *ser (sea, etc.).*

- In countries that use *voseo, vos* takes the following endings in the present subjunctive:

  -ar verbs: *-és*   e.g. que vos *estés* (that you be)
  -er and *-ir* verbs: *-ás*   e.g. que vos *comás*, que vos *vivás* (that you eat, that you live)

The endings for *tú*, however, are becoming more commonplace.

Perfect subjuntive

The perfect subjunctive is formed from the present subjunctive of *haber* plus the past participle, which is invariable in form, e.g. *haya mirado, hayas mirado, haya mirado*, etc.

Imperfect subjunctive

The imperfect subjunctive is formed by removing the ending of the third person plural of the preterite tense and adding the following endings:

-ar verbs:	either	*-ara, -aras, -ara, -áramos, -arais, -aran*
	or	*-ase, -ases, -ase, -ásemos, -aseis, -asen*
-er and *-ir* verbs:	either	*-(i)era, -(i)eras, -(i)era, -(i)éramos, -(i)erais, -(i)eran*
	or	*-(i)ese, -(i)eses, -(i)ese, -(i)ésemos, -(i)esies, -(i)esen*

Although the first is used more frequently, the *-ara/-ase* and *-iera/-iese* endings are *interchangeable*. For example:

mirar	**hacer**	**cumplir**
mirara/ase	hiciera/iese	cumpliera/iese
miraras/ases	hicieras/ieses	cumplieras/ieses
mirara/ase	hiciera/iese	cumpliera/iese
miráramos/ásemos	hiciéramos/iésemos	cumpliéramos/iésemos
mirarais/aseis	hicierais/ieseis	cumplierais/ieseis
miraran/asen	hicieran/iesen	cumplieran/iesen

The 'i' before *-(i)era/-(i)ese* etc. becomes 'y' when preceded by a vowel (e.g. *leyera/leyese*).

Pluperfect subjunctive

The pluperfect subjunctive is formed from the imperfect subjunctive of *haber* plus the past participle, e.g. *hubiera/iese hablado, hubieras/ieses hablado, hubiera/iese hablado* etc.

2 Principal uses of the subjunctive

The subjunctive is used in three main areas: subordinate clauses, main clauses and conditional sentences.

Subordinate clauses

The subjunctive is for the most part found in *que* (subordinate) clauses.

Use of the subjunctive after verbs and expressions

The subjunctive is used after verbs and expressions indicating:

(a) possibility and probability, e.g. *es posible, es probable* + *que*

Es posible/probable que **termine mi trabajo antes de Navidad(es).**	It's possible/probable that I'll finish my work before Christmas.

(b) emotion, e.g. *querer, desear, esperar, temer, gustar, alegrarse de* + *que*

No quiere que **vayas con ella a la procesión.**	She doesn't want you to go with her to the procession.
Espero que **me contestes pronto desde Ecuador.**	I hope you will answer me soon from Ecuador.
Nos alegramos mucho de que **hayas ganado el viaje a México.**	We are very happy that you have won the trip to Mexico.

(c) judgement, influence, e.g. *es importante, es/será/sería mejor, hacer* (to make), *decir* (to tell), *evitar, impedir, conseguir* + *que*

No es importante que **vayas mañana a la biblioteca.**	It isn't important for you to go to the library tomorrow.
Sería mejor que **Gibraltar formara parte de España.**	It would be best/better for Gibraltar to be part of Spain.
¡Haz que **hable en gallego!**	Make him/her speak in Galician!
Mi padre me dijo que **volviera pronto de Ibiza.**	My father told me to come back from Ibiza soon.

(d) requests, e.g. *pedir, rogar* + *que*

El jefe le pidió que **fuera a Correos (E)/al correo (HA).**	The boss asked him/her to go to the Post Office.

(e) necessity, e.g. *es necesario, hace falta* + *que*

No es necesario que **traigas cerveza, porque ya tenemos bastante.**	You don't have to bring any beer because we already have enough.

(f) permission and prohibition, e.g. *permitir, dejar, prohibir* + *que*

Déjale que **vaya a los Andes.**	Let him/her go to the Andes.
Está prohibido que **la gente fume en el Metro.**	It is forbidden for people to smoke on the underground.

(g) saying and thinking, used in the negative, e.g. *no creer, no pensar, no parecer* + *que*

No creemos que **España haya salido bien del conflicto con Marruecos.**	We don't think that Spain has come out well from the conflict with Morocco.
No me parece que **tengas razón.**	I don't believe that you are right.

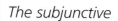

Use of the subjunctive after conjunctions

The subjunctive is also used after certain conjunctions, notably:

(a) conjunctions of time with a future meaning, e.g. *cuando, en cuanto, mientras, hasta que*

Cuando vuelvas de Panamá, tráeme un sombrero.	When you come back from Panama, bring me a hat.
Llámame en cuanto sepas los resultados.	Call me as soon as you know the results.

(b) conjunctions of purpose, e.g. *para que, a fin de que*

Habló así con los rebeldes para que lo tomaran en serio.	He spoke to the rebels like that so that they would take him seriously.

(c) *como si*

Hablaba como si no fuéramos españoles.	He/She was speaking as if we weren't Spanish.

Main clauses

The subjunctive is frequently used after words meaning 'perhaps', e.g. *quizá(s), puede que, tal vez*

Quizá(s) llueva en Cantabria mañana.	Perhaps it will rain in Cantabria tomorrow.
Puede que ella tenga la intención de emigrar.	Perhaps she intends to emigrate.

Conditional sentences

The subjunctive is used in two types of conditional sentence:

(a) Conditions which, in the mind of the speaker, are impossible or unlikely to be fulfilled. In this case, the tense in the *si* clause is the **imperfect subjunctive** and the tense in the main clause is the **conditional.**

Si ganara/ase la lotería compraría la casa de mis sueños en Mallorca.	If I won the lottery I'd buy the house of my dreams in Mallorca. (*but this is highly unlikely to happen*)
Si fuera/ese más joven comenzaría mis estudios hispanoamericanos otra vez.	If I were younger, I'd begin my Spanish-American studies again. (*but I am not younger, so I will not*)

(b) Conditions that express a wish that has not been fulfilled and so is contrary to fact. In this case the **pluperfect subjunctive** is used in the *si* clause and the **conditional perfect** (or pluperfect subjunctive, see p. 51) in the main clause.

Si hubiera/iese salido de casa más temprano no habría perdido el vuelo.	If I had set out from home earlier I wouldn't have missed the flight.

In the type of *si* clause that expresses an 'open' condition, i.e. one that may or may not occur, A-level students frequently use the present subjunctive incorrectly. In this case the present subjunctive is **never** used in Spanish. The indicative is used instead.

Si llueve nos quedaremos en casa.	If it rains, we'll stay at home.
Si Juan no viene dentro de poco, llámale.	If Juan doesn't come shortly, ring him.

D The imperative

The imperative is used for commands. The forms that are used in Spanish for commands are a frequent source of error at A-level. Remember that:

- commands are either affirmative or negative
- you have to choose either the familiar (*tú* or *vos*) or formal (*usted*) form of address
- present subjunctive forms are used for negative familiar imperatives and formal imperatives
- object pronouns are added to the end of affirmative commands normally requiring the accent to be written.
- object pronouns are placed before negative commands

Tú (or *vos*) and *vosotros* are used for people with whom you are on familiar terms.

Usted is used to address people with whom you are on formal terms; *ustedes* being the formal plural in Spain. *Ustedes*, however, is used for both formal and informal plural imperatives in Spanish America.

1 Affirmative commands

tú

For regular verbs, the *tú* imperative is formed by removing the last letter (*s*) from the second person singular of the present indicative. There are eight irregular forms (*decir* > *di, hacer* > *haz, ir* > *ve, poner* > *pon, salir* > *sal, ser* > *sé, tener* > *ten, venir* > *ven*), which must be learned.

Escríbeme pronto desde Montevideo.	Write to me soon from Montevideo.
Luisa, ¡ven acá en seguida!	Luisa, come here at once!

vosotros (E)

The *vosotros* imperative is formed by replacing the final *-r* of the infinitive with *-d*. Note that the final *-d* is omitted from reflexive forms.

Venid conmigo, amigos.	Come with me, friends.
¡Acostaos!	Go to bed!

D *The imperative*

Note

- Although Spanish Americans understand this plural imperative, they do not use the *vosotros* form. They use the commands for *ustedes* instead.

- In Spanish-American regions where *vos* is used instead of *tú*, the imperative is the same as with *vosotros* minus the final '-d':

Vení conmigo, Mariela.	Come with me, Mariela.
¡Acostate, Horacio!	Go to bed, Horacio!

usted/ustedes

Both the singular and the plural are formed from the third person (*usted/ustedes*) of the present subjunctive.

Vuelva a La Paz cuando pueda.	Come back to La Paz when you can.
Perdonen, señores.	Excuse me, gentlemen.
Por favor, escríbale en castellano.	Write to him/her in Castilian, please.
Díganme lo que quieren de primero, por favor.	Tell me what you want as a starter, please.

2 Negative commands

tú/vosotros (E)

Negative commands are formed from the second person (*tú/vosotros*) of the present subjunctive.

¡No grites así!	Don't shout like that!
¡No te vayas!	Don't go away!
No me digáis eso.	Don't tell me that.

usted/ustedes

Negative commands, like the affirmative ones, are formed from the third person (*usted/ustedes*) of the present subjunctive.

¡No me diga!	You don't say!
No se preocupen, señores.	Don't worry, gentlemen.

3 *nosotros* commands

Commands in the first person plural are formed from the first person plural *nosotros* of the present subjunctive, for both the positive and the negative.

Volvamos.	Let's go back.
No salgamos ahora.	Let's not go out now.

In reflexive verbs the final *-s* is omitted before the reflexive pronoun. The stem carries a written accent.

Acostémonos.	Let's go to bed.
Vámonos.	Let's go.

4 *que* + subjunctive for wishes and commands

Que + the subjunctive form expresses a wish or command. In this use *que* is sometimes omitted.

(Que) salgan **todos en seguida.**	Let them all leave at once.
¡(Que) viva **el Rey!**	Long live the King!

E The passive

The passive often gives problems to A-level students. Remember the following key points:

- A passive sentence has the same meaning as an active one, but the components of the sentence are in a different order, so as to put emphasis on the object or the action rather than on the subject. For example, the passive sentence:

Las joyas fueron robadas por el ladrón.	The jewels were stolen by the thief.

  is essentially the same as the active sentence:

El ladrón robó las joyas.	The thief stole the jewels.

- The passive is formed from *ser* plus the past participle, which agrees in number and gender with the subject of the sentence.

La carta fue escrita ayer por mi novia.	The letter was written by my girlfriend yesterday.

- In a passive sentence there is normally an **agent**, which is usually preceded by the preposition *por*. The agent may be 'understood' and omitted from the sentence, as in: *La carta fue escrita ayer*.

- The passive can be used in all tenses.

Present:	Esta novela es publicada por Anaya.	This novel is published by Anaya.
Perfect:	Esta novela ha sido publicada por Anaya.	… has been published …
Preterite:	Esta novela fue publicada por Anaya.	… was published …
Imperfect:	Esta novela era publicada por Anaya.	… was/used to be published …

Future:	Esta novela será publicada por Anaya.	… will be published …
Conditional:	Esta novela sería publicada por Anaya.	… would be published …
Pluperfect:	Esta novela había sido publicada por Anaya.	… had been published …
Future perfect:	Esta novela habrá sido publicada por Anaya.	… will/must have been published …
Conditional perfect:	Esta novela habría sido publicada por Anaya.	… would have been published …
Past anterior:	Esta novela hubo sido publicada por Anaya.	… had been published …

F The gerund

The gerund conveys the idea of the duration of the action of the verb and is translated by adding *-ing* to the English infinitive (but see note on p. 58). To form the gerund add *-ando* to the stem of *-ar* verbs and *-(i)endo* to the stem of *-er* and *-ir* verbs. The 'i' in *-(i)endo* becomes 'y' when preceded by a vowel (e.g. *cayendo*). The gerund is invariable in form.

hablar > hablando   comer > comiendo   vivir > viviendo

Uses

- The gerund is used for actions that take place at the same time as the main verb.

Los chicos fueron corriendo **al colegio.**	The children ran along (lit. *went running*) to school.
Se quedó allí mucho tiempo, mirando **los Pirineos.**	He stayed there for a long time, looking at the Pyrenees.

- The gerund preceded by *estar* is used to form the continuous tenses.

¿Qué estás estudiando**?**	What are you studying?

- A number of common verbs, especially *ir, venir, continuar, seguir* and *andar*, are followed by the gerund to emphasise duration.

Siguió leyendo **el libro sobre la monarquía en España.**	He carried on reading the book on the Spanish monarchy.
Asun fue caminando **hacia el río Tajo.**	Asun walked (lit. *went walking*) towards the river Tagus.

Note

The gerund is a frequent source of error, partly because the English *-ing* form is sometimes translated by the Spanish infinitive, an adjective or a phrase. Ensure that you know the basic differences between the Spanish gerund and the English *-ing* form.

- When the gerund in English is a verbal noun, e.g. after prepositions, it must be translated by the infinitive in Spanish.

Después de conquistar **a los indios en Latinoamérica, los españoles se apoderaron de sus territorios.**	After *conquering* the Indians in Latin America, the Spanish seized their lands.
Me encanta comer **en restaurantes vascos.**	I love *eating* in Basque restaurants.

- The gerund is not an adjective in Spanish and so cannot translate the *-ing* form in English when used adjectivally. This is done in Spanish by the use of the *-ante*, *-(i)ente* form, an adjective or phrase.

agua corriente	*running* water
una persona hispanohablante	a *Spanish-speaking* person
Tu padre es encantador.	Your father is *charming*.
un niño que sonríe	a *smiling* baby/boy

G The past participle

The past participle is the form of the verb ending in *-ado* (*-ar* verbs) and *-ido* (*-er* and *-ir* verbs). Remember the following points:

- When the past participle is used as part of a compound tense, with the auxiliary verb *haber*, it is invariable:

Hemos hablado dos horas sin ponernos de acuerdo.	We've talked for 2 hours without coming to an agreement.

- When the past participle is used as part of the passive it agrees in number and gender with the subject of the sentence:

Las casas fueron destruidas durante la guerra civil.	The houses were destroyed during the civil war.

- *Estar* is frequently used with the past participle in order to express the state resulting from an action:

Las fronteras estaban abiertas.	The borders were open (*not 'opened'*).

- There are many irregular past participles in common verbs, e.g. *abrir > abierto, decir > dicho, hacer > hecho*. These must be learned.

H *ser* and *estar*

The broad distinctions between the two verbs for 'to be' in Spanish should be clearly understood at both AS and A2.

1 *ser*

Ser refers to characteristics that are intrinsic to a person, object or idea, such as identity, permanent features, occupation, time:

Soy **argentino**.	I'm Argentinian.
España es **un país mediterráneo**.	Spain is a Mediterranean country.
Era **una persona feliz**.	He/She was/used to be a happy person.
Franco fue **militar**.	Franco was a soldier.
Son **las diez**.	It's 10 o'clock.

2 *estar*

Estar refers to a *temporary state* or to *where* a person or thing is, whether temporarily or permanently:

Estamos **tristes**.	We're sad (*in the sense of a momentary feeling*).
Barcelona está **en la costa de Cataluña**.	Barcelona is on the coast of Cataluña.
Estábamos **en Mallorca cuando** ocurrió el terremoto.	We were in Mallorca when the earthquake happened.

3 *ser* and *estar* with adjectives

Some adjectives are always used with *ser*, others always with *estar*:

ser	estar
(in)justo/a	bien/mal/fatal
(in)necesario/a	de buen/mal humor
(in)conveniente	enfadado/a
importante	enfermo/a
inteligente	harto/a
lógico/a	prohibido/a
	ocupado/a

Some adjectives can be used with either *ser* or *estar*, but their meaning is different. *Ser* meanings always reflect *permanent* characteristics; *estar* meanings refer to *temporary* states. The most common of these adjectives are:

	ser meaning:	**estar** meaning:
aburrido	boring	bored
bueno	good (character)	delicious (food)
cansado	tiring (except AmS)	tired
listo	clever	ready
malo	bad, evil	ill (in Spain); bad (of food)
nervioso	nervous (disposition)	nervous (temporarily)
triste	sad (disposition)	sad (temporarily)

Impersonal forms and *gustar*-type verbs

1 Impersonal verbs

Impersonal verbs are verbs that are used only in the third person singular, such as *hay* and verbs indicating weather.

Hace **mucho calor en Córdoba.**	It's very hot in Cordoba.
Llovió **toda la noche.**	It rained all night.
Es probable que **España gane el partido.**	Spain will probably win the match.
Hay **ruinas mayas en Yucatán.**	There are Mayan ruins in Yucatan.

2 *gustar*-type verbs

Verbs like *gustar*, such as *encantar, bastar, convenir, costar, doler, faltar, hacer falta, interesar, molestar,* are used with a special construction, which requires the indirect object pronoun and is the reverse of the English one. The sentence:

Le gusta la cocina mexicana.   He/she likes Mexican cooking.

can be understood as 'Mexican food pleases him/her' and can be broken down literally in English as follows.

Indirect object pronoun	**Verb**	**Subject**
Le	gusta	la cocina mexicana.
To him/her	is pleasing	Mexican cooking.

If the subject is plural the verb must also be plural, as in: *Me duelen los dientes* (I've got toothache).

Me	**duelen**	**los dientes.**
To me	are painful	the teeth.

In many cases, especially when it is necessary to distinguish one of the third persons or for emphasis, the following are added:

a mí	a él/ella/usted	a vosotros
a ti (a vos in CA, Col, CS and Ven)	a nosotros	a ellos/ellas/ustedes

This phrase is usually placed at the beginning of the sentence, as in:

A ella **le gusta la comida mexicana.** A él **no le gusta.**

She likes Mexican food. He doesn't.

J   Reflexive verbs

In Spanish, reflexive (or 'pronominal') verbs are always accompanied by a reflexive pronoun, which changes according to the subject of the verb. For example:

acostarse	to go to bed
me acuesto	I go to bed
te acuestas	you go to bed
se acuesta	he/she/it/you (formal) go(es) to bed
nos acostamos	we go to bed
os acostáis	you go to bed
se acuestan	they/you (formal) go to bed

Reflexive verbs often do not have a reflexive pronoun when translated into English. For example:

afeitarse   to shave   **casarse**   to marry

Non-reflexive verbs can be made reflexive by adding a reflexive pronoun. For example:

lavar   to wash (something)   **lavarse**   to wash (oneself)

The addition of the reflexive pronoun can affect the meaning of the verb:

aburrir	to bore	aburrirse	to get bored
dormir	to sleep	dormirse	to go to sleep
ir	to go	irse	to go away
molestar	to upset, disturb	molestarse	to get cross
poner	to put	ponerse	to become, get, turn, put on (clothes)
volver	to return	volverse	to become, turn round

K   The infinitive

1   Verbs followed by an infinitive

A large number of common verbs are followed by a preposition, usually either *a*, *de*, *en*, *con*, *para* or *por*, plus an infinitive. Some verbs are followed directly by the infinitive without the intervention of a preposition. Lists of the most common of these verbs, which are not exhaustive, are given overleaf.

Verb + direct infinitive

conseguir	to succeed (in doing)
deber	to have to (do)
decidir	to decide (to do)
desear	to want/wish (to do)
esperar	to hope/wait/expect (to do)
hacer	to make (someone do)
intentar	to try (to do)
lograr	to manage (to do)
mandar	to order (to do)
necesitar	to need (to do)
olvidar	to forget (to do)
parecer	to seem (to do)
pensar	to intend (to do)
permitir	to allow (to do)
poder	can, to be able (to do)
preferir	to prefer (to do)
prohibir	to forbid (to do)
prometer	to promise (to do)
querer	to want (to do)
recordar	to remember (to do)
saber	to know (how to do)
sentir	to be sorry (to do); to feel
tener que	to have to

Pienso ir **de vacaciones a la Patagonia.**   I intend to go to Patagonia for my holidays.

Deseo **mucho** ver**la otra vez.**   I really want to see her again.

Verb + *a* + infinitive

acostumbrar(se) a	to get used to (doing)
animar a	to encourage to
aprender a	to learn to
atreverse a	to dare to
ayudar a	to help to
bajar a	to go down to
comenzar a	to begin to
conducir a	to lead to
contribuir a	to contribute to
decidirse a	to decide to
dedicarse a	to devote oneself to
empezar a	to begin to
enseñar a	to teach to
enviar a	to send to
invitar a	to invite to
ir a	to go to; to go and (do)

mandar a	to send to
negarse a	to refuse to
salir a	to go out to
subir a	to go up to
venir a	to come to
volver a	to (do) again

¿Puedo entrar o vas a hacerme esperar?	May I go in or are you going to make me wait?
Los países ricos deben ayudar al Tercer Mundo a pagar sus deudas.	The rich countries should help the Third World to repay its debts.

Verb + *de* + infinitive

acabar de	to finish (doing); to have just (done)
acordarse de	to remember to
alegrarse de	to be pleased to; to be pleased about + noun
dejar de	to stop (doing)
encargarse de	to to be responsible for (doing)
guardarse de	to be careful not to
jactarse de	to boast of (doing)
maravillarse de	to marvel at (doing)
olvidarse de	to forget to
parar de	to stop (doing)
terminar de	to stop (doing)
tratar de	to try to

Él trata de renegociar los acuerdos.	He's trying to renegotiate the agreements.
Me olvidé de llevar la cámera cuando visité la Alhambra.	I forgot to take my camera when I visited the Alhambra.

Verb + *en* + infinitive

consentir en	to consent to
dudar en	to hesitate to
empeñarse en	to insist on (doing)
insistir en	to insist on (doing)
interesarse en	to be interested in (doing)
ocuparse en	to be busy (doing)
quedar en	to agree to
tardar en	to take time (doing/to do)
vacilar en	to hesitate to

El avión tardaba mucho en salir.	The plane was very late departing.

Verb + *con* + infinitive

amenazar con	to threaten to
contentarse con	to be content to
soñar con	to dream of (doing)

La contaminación amenaza con destruir nuestro entorno.	Pollution threatens to destroy our environment.

Verb + *para* + infinitive

prepararse para	to prepare oneself to
faltar para	to have time/distance to go

Falta mucho para llegar a Segovia.	There's a long way to go to Segovia.

Verb + *por* + infinitive

acabar por	to end up by (doing)
comenzar por	to begin by (doing)
empezar por	to begin by (doing)
esforzarse por	to strive to
estar por	to be ready/about to (do)
luchar por	to fight/struggle to
optar por	to opt/choose to

Acabamos por comer tapas en un bar.	We ended up eating tapas in a bar.

2 The perfect infinitive

The perfect infinitive is formed from the infinitive of *haber* and the past participle, which is invariable in form.

Me olvidé de haberle conocido antes, en Bilbao.	I forgot having met him previously, in Bilbao.

3 *al* + infinitive

Al plus the infinitive has the sense of 'when…'/and 'on …-ing', referring to an action that happens at the same time as that of the main verb.

Al llegar a América, los conquistadores no podían creer las maravillas que encontraron.	When they reached America the conquistadores could not believe the wonders they found.

4 Verbs of perception + infinitive

Verbs of 'perception', such as *ver*, *oír* and *mirar*, may be followed directly by an infinitive.

Lo vimos salir **del club con dos chicas.**	We saw him come out of the club with two girls.
Oyeron venir **el tren antes de que lo vieran.**	They heard the train coming before they saw it.

AS pointers

- It is essential that you use the correct person in the examination; this is sometimes distinguished by only one letter. If you want to say 'He/She attacked the Moors', you should say or write:

  Atacó a los moros.

  If you mistakenly say or write instead:

  Ataqué a los moros.

  you imply that you attacked them yourself!

- The same rule applies to tenses. Make sure that you are familiar with all the major uses of each tense and practise them in context, if possible with the help of a proficient Spanish speaker.

- Do not overuse the subjunctive; it is a common mistake of AS candidates to do so. The subjunctive mood has very clear uses, outlined on pp. 50–54. Although it refers to 'hypothetical' issues, probable and possible ones may not require it, as seen in the examples.

A2 pointers

In addition to the AS pointers, remember to consider the following when studying verbs at A2:

- The level of sophistication in your spoken and written Spanish should be greater at A2, and this will be reflected in the more complex combinations of tenses. Whereas at AS it is enough to say or write:

  Me gustaría mucho vivir en México para practicar el castellano.

  you might want to express your thoughts in a more complex manner at A2, using more verb tenses, as in:

  Si tuviera/iese un año libre, iría a vivir a México a fin de practicar el castellano.

- All verb tenses should be studied at A2. Make sure you understand those that are used more idiomatically or in literary contexts.

In this chapter you will find the grammar items you need to be able to use to be successful at both AS and A2 examinations.

A Negation
B The definite and indefinite articles
C Nouns
D Adjectives
E Comparison
F Demonstrative adjectives and pronouns
G Indefinites
H Possessive adjectives and pronouns

I Interrogative adjectives and pronouns
J Relatives
K Exclamations
L Adverbs
M Personal pronouns
N Reflexive pronouns
O Prepositions
P Conjunctions
Q Numerals
R Indirect speech

It is essential that you take the time to practise these points in detail, since they must be used accurately in the examination. You can do so by completing exercises from grammar books or in class. You can also ask a proficient Spanish speaker to correct you when you make mistakes. Be aware of your weak points and pay them special attention.

A Negation

Negative form	Example	Translation
no	No viene.	He isn't coming.
nunca	No llueve nunca.	It never rains.
jamás	No voy a volver jamás.	I'm never going to come back again.
tampoco	Nosotros no lo vimos tampoco.	We didn't see him either.
ni...ni...	Ayer no vinieron ni Lola ni Nacho.	Neither Lola nor Nacho came yesterday.
nada	No dijo nada.	He didn't say anything.
nadie	No hay nadie que pueda ayudarte.	There is no one who can help you.
ningún/uno	No hay ningún bar abierto.	There's not a single bar open.
apenas	(No) la he visto apenas.	I've scarcely seen her.

- It is normal for the negative in Spanish, with the exception of *no* meaning 'not', to be expressed by *two words*. All the above negative forms can, however, be expressed as *one word* and placed before the verb, eliminating the need for *no*. For example:

Nunca llueve.   It never rains.
Nada dijo (lit.).   He didn't say anything.
Apenas la he visto.   I've scarcely seen her.

- Take care with 'double negatives': it is normal for two negative words to be used in Spanish, but they do not translate into a double negative in English. Thus:

    Mi hermano no **viene** nunca **a verme.**

    translates as:

    My brother *never* comes to see me.

    or

    My brother doesn*'t ever* come to see me.

- *No* is used as a question tag, when there is an expectation that the statement is true.

Vas a salir con tu amiga andaluza esta noche, ¿no?	You're going out with your Andalusian friend tonight, aren't you?

- *Jamás* has the same meaning as *nunca,* but is more emphatic.

B The definite and indefinite articles

1 The definite article

	Singular	Plural
Masculine	el chico	los chicos
Feminine	la chica	las chicas

When the masculine singular definite article is preceded by *a* or *de,* the preposition combines with it to make one word:

a + el = al	**Vamos** al **cine.**	Let's go to the cinema.
de + el = del	**Salieron** del **metro.**	They left the underground.

The other forms of the definite article, *la, los* and *las*, are unchanged after *a* and *de.*

In a number of instances the definite article is used in Spanish where it is omitted in English:

Kind of noun	Example	Translation
Nouns used in a general sense	**Me gusta más** el **agua que** el **vino.**	I like water better than wine.
Unique things	**Va a ir** al **cielo.**	He/She/It/You (formal) will go to heaven.
Abstract nouns	La **física es una ciencia antigua.**	Physics is an ancient science.

Names of languages	El español es la tercera lengua más hablada del mundo.	Spanish is the third most spoken language in the world.
Names of colours	Prefiero el verde al azul.	I prefer green to blue.
Days of the week with the idea of 'on'	El domingo vamos a la fiesta.	On Sunday we'll go to the fiesta.
Titles when the person is not addressed directly	Mañana nos visita el Sr. Moreno.	Señor Moreno is visiting us tomorrow.
Numbers expressing the time	Son las nueve.	It's 9 o'clock.
Percentages	El 70% del electorado votó.	70% of the electorate voted.
Sports teams	El Real Madrid	Real Madrid

Unlike in English, in Spanish the definite article is *omitted* in the following circumstances:

- after the names of monarchs and popes with roman numbers, when speaking:

  Carlos V (quinto)   Charles V (*the* fifth)

- when the noun is in apposition:

  Juan Gómez, capitán del Betis,…   Juan Gómez, *the* captain of Betis,…

2 The indefinite article

	Singular	Plural
	(a/an)	(some)
Masculine	un edificio	unos edificios
Feminine	una calle	unas calles

In a number of instances the indefinite article is *omitted* in Spanish where it is used in English.

Circumstance	Example	Translation
With occupations after *ser*	Soy pintor.	I'm *a* painter.
When the noun is in apposition	Asistió el doctor Ramos, físico de gran renombre.	Dr Ramos, *a* physicist of great renown, attended.
With a number of common words, especially: *otro*, *medio*, *qué*, *mil*	Tráigame otra cerveza.	Bring me *another* beer.
	Quiero medio kilo de cebollas.	I'd like half *a* kilo of onions.
	¡Qué cara!	What *a* cheek!
	Déme mil pesos.	Give me *a* thousand pesos.

> The masculine definite and indefinite articles *el* and *un* replace the feminine forms *la* and *una* before feminine nouns in the singular which begin with stressed *a* or *ha*. These nouns remain feminine in gender.
>
> | Singular | Translation | Plural |
> |---|---|---|
> | el/un **agua** | water | las/unas **aguas** |
> | el/un **arte** | art | las/unas **artes** |
> | el/un **hambre** | hunger | las/unas **hambres** |

C Nouns

1 The plural of nouns

In general the plural of Spanish nouns is formed as follows:

- by adding *-s,* if the noun ends in a vowel, whether stressed or unstressed

  el coche ⟶ los coche**s**
  la moto ⟶ las moto**s**
  el café ⟶ los café**s**

- by adding *-es*, if the noun ends in a consonant

  la ciudad ⟶ las ciudad**es**
  el país ⟶ los país**es**

- nouns ending in *-z* change the ending to *-ces*

  la cruz ⟶ las cru**ces**

- nouns that have an accent on the last syllable lose the accent in the plural

  la nación ⟶ las naci**o**nes
  el francés ⟶ los franc**e**ses

- a few words have the same form for singular and plural

  la crisis ⟶ las crisis
  el lunes ⟶ los lunes (and all days of the week except *sábado* and *domingo*)

2 The gender of nouns

General rule

As a general rule, nouns ending in *-o* are masculine and nouns ending in *-a* are feminine. Students often make mistakes with the following exceptions to this rule:

el **día**	la **mano**
el **mapa**	la **modelo**

el problema la moto

el planeta la radio

Masculine nouns

The following groups are usually masculine:

- nouns ending in *-aje* and *-or*

el garaje (E) el paisaje el olor el espesor

- rivers, seas, mountains, fruit trees, colours, cars, days of the week and points of the compass

el Guadalquivir el Mediterráneo los Andes el olivo

el rojo el Seat Málaga el sábado el norte

- nouns that end in *-ama*, *-ema* and *-oma* and are of Greek origin

el programa el problema el axioma

el crucigrama el tema el linfoma

Feminine nouns

The following groups are usually feminine:

- nouns endings in: *-ción*, *-sión*, *-dad*, *-tad*, *-triz*, *-tud*, *-umbre*, *-anza*, *-ie*

la sensación la pasión la seguridad la dificultad la actriz

la inquietud la certidumbre la esperanza la barbarie

- letters of the alphabet

la eñe (*the letter ñ*)

- islands and roads

las Baleares la Panamericana

Masculine and feminine nouns

The following nouns have no separate masculine or feminine form:

- nouns ending in *-ista*

el/la artista el/la paracaidista

- nouns ending in *-ante/ -(i)ente*

el/la estudiante el/la pariente

Nouns differentiated by gender

A number of common nouns are differentiated in meaning by their gender:

el capital	capital (money)	la capital	capital (city)
el cura	priest	la cura	cure
el orden	order (pattern)	la orden	religious order, command
el policía	policeman	la policía	police force, policewoman

D Adjectives

1 Forms of adjectives

A large number of adjectives in Spanish end in *-o* (masculine) or *-a* (feminine), and add *-s* for the plural:

Masc. sing.	Fem. sing.	Masc. pl.	Fem. pl.
viejo	vieja	viejos	viejas

Most adjectives that end in a vowel other than *-o/-a* or a consonant have the same form for masculine and feminine in the singular and plural. In the plural, *-s* is added to those ending in a vowel, and *-es* to those ending in a consonant:

Masc. sing.	Fem. sing.	Masc. pl.	Fem. pl.
triste	triste	tristes	tristes
real	real	reales	reales

Adjectives ending in *-z* change the *z* to *c* in the plural (this is required to preserve the sound /θ/ in Peninsular Spanish):

Masc. sing.	Fem. sing.	Masc. pl.	Fem. pl.
feliz	feliz	felices	felices

Adjectives denoting region or country that finish in a consonant have a feminine form ending in *-a*:

Masc. sing.	Fem. sing.	Masc. pl.	Fem. pl.
francés	francesa	franceses	francesas
catalán	catalana	catalanes	catalanas

Those ending in *-ense* do not follow this rule:

Masc. sing.	Fem. sing.	Masc. pl.	Fem. pl.
estadounidense	estadounidense	estadounidenses	estadounidenses

Adjectives ending in *-or:*
- comparative adjectives do not have a separate feminine form

Masc. sing.	Fem. sing.	Masc. pl.	Fem. pl.
mejor	mejor	mejores	mejores
peor	peor	peores	peores

- other *-or* adjectives have a feminine form ending in *-a*

Masc. sing.	Fem. sing.	Masc. pl.	Fem. pl.
encantador	encantadora	encantadores	encantadoras

When two nouns of different gender stand together, the adjective that qualifies them is masculine plural:

Eva y Jorge están contentos.   Eva and George are happy.

When a plural noun is qualified by two adjectives, each of which refers to one thing, the adjectives are singular:

Las lenguas vasca y gallega.   The Basque and Galician languages.

2 The position of adjectives

Adjectives are normally placed after nouns:

Algunos edificios altos.   A few tall buildings.

Some very common adjectives are often placed before the noun:

bueno	malo	pequeño	gran(de)

Cardinal and ordinal numbers, and *último*, are placed before the noun:

cien pasajeros	a hundred passengers
el quinto piso	the fifth floor
su última novela	his/her/your (formal) last/latest novel

Some adjectives change their meaning according to whether they are placed before or after the noun:

mi antiguo colegio	my ex-college
una catedral antigua	an ancient cathedral
el pobre Javier	poor old Javier (pity)
una familia pobre	a poor family (not well-off)
nuevos avances	new advances (more)
un coche nuevo	a new car (brand-new)
mi viejo amigo	my old friend (long-standing)
mi amigo viejo	my old friend (not young)

3 Apocopation of adjectives

Several common adjectives lose the final *-o* when they come before a masculine singular noun. This is called 'apocopation'.

alguno	→	algún	any	primero	→	primer	first
bueno	→	buen	good	tercero	→	tercer	third
malo	→	mal	bad	uno	→	un	one, a
ninguno	→	ningún	no				

No tenemos ningún problema en reembolsar el dinero.	We have no problem in reimbursing the money.
El primer día del verano.	The first day of summer.
Hace mal tiempo en Galicia.	The weather is bad in Galicia.

Grande shortens to *gran* before masculine and feminine singular nouns:

El Prat es un gran aeropuerto, pero Barajas es aún más grande.	El Prat is a big airport, but Barajas is even bigger.

E Comparison

1 The comparative

Types of comparison

There are three basic types of comparison:

- of superiority (more than) **más que**
- of inferiority (less than) **menos que**
- of equality (as...as) **tan(to)... como**

Hace más calor en Málaga que en Madrid.	It is hotter in Málaga than in Madrid.
Hoy día, España produce menos aceite de oliva que en los años 90.	Today Spain produces less olive oil than in the 1990s.
El Museo Guggenheim de Bilbao tiene tanta fama como el de Nueva York. or El Museo Guggenheim de Bilbao es tan famoso como el de Nueva York.	The Guggenheim Museum in Bilbao is as famous (lit. *'has as much fame'*) as the one in New York. The Guggenheim Museum in Bilbao is as famous as the one in New York.

Note that in the first of the last two examples *tanto* is an adjective, and therefore agrees with the noun it qualifies; in the second example *tan* is an adverb, and is therefore invariable.

Irregular adjectives of comparison

Certain common adjectives have special comparative forms:

Adjective	Comparative
bueno	mejor
malo	peor
mucho	más
poco	menos
grande	mayor
pequeño/chico (HA)	menor

La selección de España es mejor que la de Portugal.	Spain's team is better than Portugal's.
La población de Argentina es mayor que la de Uruguay.	Argentina's population is greater than that of Uruguay.

Adverbs of comparison

Certain common adverbs have special comparative forms, which are invariable.

Adverb	Comparative
bien	mejor
mal	peor
más	más
poco	menos

Mi hermano cocina mejor que mi hermana.	My brother cooks better than my sister.

Note

When a number comes after *más* it must be followed by *de* and not *que*.

Más de cien mil espectadores asistieron.	More than a hundred thousand spectators attended.

2 The superlative

There are two ways of expressing the idea of 'most' in Spanish: you can either use the comparative adjective or add *-ísimo* to the adjective.

Using the comparative adjective

- The definite article is placed before the noun being described and the comparative adjective is added after the noun:

Chile es el país más largo de Hispanoamérica.	Chile is the longest country in Spanish America.

- The definite article is placed before the comparative adjective:

Adela es la más joven de las cinco hermanas Alba.	Adela is the youngest of the five Alba sisters.

Adding *-ísimo* to the adjective

Perú es un país hermosísimo.	Perú is an extremely beautiful country.

Note

Some *-ísimo* endings require spelling changes in the stem of the adjective so that the value of the sound immediately before the ending is maintained.

rico > riquísimo   largo > larguísimo   feliz > felicísimo

F Demonstrative adjectives and pronouns

1 Demonstrative adjectives

There are three forms of demonstrative adjective in Spanish:

● este, esta, estos, estas, meaning 'this'

● ese, esa, esos, esas, meaning 'that' which is *near to the speaker and the listener*

● aquel, aquella, aquellos, aquellas, meaning 'that' which is *distant from both the speaker and the listener*

Masc. sing.	Fem. sing.	Masc. pl.	Fem. pl.
este edificio this building	esta casa this house	estos edificios these buildings	estas casas these houses
ese edificio that building	esa casa that house	esos edificios those buildings	esas casas those houses
aquel edificio that building (over there)	aquella casa that house (over there)	aquellos edificios those buildings (over there)	aquellas casas those houses (over there)

2 Demonstrative pronouns

The demonstrative pronoun is distinguished from the demonstrative adjective by a written accent, e.g. *ése* = 'that (one)', *ese* = 'that'.

Masc. sing.	Fem. sing.	Masc. pl.	Fem. pl.
éste this (one)	ésta this (one)	éstos these (ones)	éstas these (ones)
ése that (one)	ésa that (one)	ésos those (ones)	ésas those (ones)
aquél that (one)	aquélla that (one)	aquéllos those (ones)	aquéllas those (ones)

Note

Éste and *aquél* and their plural forms also mean 'the latter' and 'the former'.

Bolivia tiene un conflicto con Chile. *Éste* quiere gas natural, y *aquél* le pide un paso a la costa.	Bolivia has a conflict with Chile. The latter wants natural gas, and the former is asking Chile for a passage to the coast.

Neuter form

The neuter form of the demonstrative pronoun is as follows:

esto (this)   **eso** (that)   **aquello** (that)

The neuter form refers to an indeterminate idea and not necessarily to a specific object.

¿Por qué no te gusta eso?   Why don't you like that?

> **Note**
>
> The neuter form never carries a written accent.

G Indefinites

Indefinites are words that refer to persons or things that are not specific. They may be nouns, adjectives or adverbs. The following words are considered to be indefinites:

alguno/a/os/as	some, any
alguien	someone, anyone
algo	something, anything
cualquier/a;cualesquier/a	any (adj.); anyone (noun)
demás	other(s)
otro/a/os/as	(an)other
bastante/s	quite, enough
suficiente/s	enough, sufficient
demasiado/a/os/as	too much, too many
todo/a/os/as	all, any, every

Algún día compraré una casa en los Pirineos.	Some day I'll buy a house in the Pyrenees.
Hay alguien en la puerta.	There's someone at the door.
Hay algo raro en su comportamiento.	There's something strange in his/her behaviour.
Ese trabajo lo puede hacer cualquier persona.	Anyone can do that job.
Tomemos estos libros y dejemos los demás.	Let's take these books and leave the rest.
Volveremos otro día.	We'll come back another day.
– El espectáculo es bastante bueno.	The show is quite good.
– ¿Tienes suficientes entradas?	Have you got enough tickets?
– Sí, demasiadas.	Yes, too many.
Todo lo que dice es mentira.	Everything he/she/it/you (formal) say(s) is a lie.

H Possessive adjectives and pronouns

Possessive adjectives		Possessive pronouns	
Singular	**Plural**	**Singular**	**Plural**
mi my	**mis** my	**mío/a** mine	**míos/as** mine
tu your	**tus** your	**tuyo/a** yours	**tuyos/as** yours
su his	**sus** his	**suyo/a** his	**suyos/as** his
su her	**sus** her	**suyo/a** hers	**suyos/as** hers
su your (formal)	**sus** your (formal)	**suyo/a** yours (formal)	**suyos/as** yours (formal)
nuestro/a our	**nuestros/as** our	**nuestro/a** ours	**nuestros/as** ours
vuestro/a your	**vuestros/as** your	**vuestro/a** yours	**vuestros/as** yours
su their, your (formal)	**sus** their, your (formal)	**suyo/a** theirs, yours (formal)	**suyos/as** theirs, yours (formal)

1 Possessive adjectives

The possessive adjective agrees in number and gender with the noun that follows it:

Carmen siempre desayuna con sus **hermanos.**	Carmen always has breakfast with her brothers (and sisters).

Any one of *tu(s), vuestro/a/os/as* or *su(s)* can be used for the second person, depending on whether the relationship with the person(s) addressed is familiar or formal:

Abre tus **maletas, mamá.**	Open your suitcases, mum.
Por favor, abra sus **maletas, señora.**	Please open your suitcases, madam.

The pronoun *su(s)* also refers to the third person, whether singular or plural:

Me gusta su **SEAT nuevo.**	I like his/her/their new SEAT.

2 Possessive pronouns

Possessive pronouns are used to replace nouns in order to avoid repetition. They agree in number and gender with the object possessed:

A mí me encanta el vestido **nuevo de Carla. Es casi tan bonito como** el mío.	I love Carla's new dress. It's almost as pretty as mine.

The definite article is omitted when the pronoun is preceded by the verb 'to be':

– **Este vaso de vino, ¿es** tuyo**?**	Is this glass of wine yours?
– **Sí, es** mío.	Yes, it's mine.

Note: countries and regions where *voseo* is used use the singular possessive adjectives and pronouns for *vos*

¿Y vos saliste con tus hermanos?	And did you go out with your brothers?

Interrogative adjectives and pronouns

The interrogative adjectives are:

¿qué?	what?
¿cuánto/a/os/as?	how much?
¿Qué parte de España te gusta más?	Which part of Spain do you like best?
¿Cuántos pesos vale una libra?	How many pesos make a pound? (lit. *is a pound worth*)

The interrogative pronouns are:

¿qué?	what?
¿cuál? ¿cuáles?	which? what? (usually for choosing between alternatives)
¿(de) quién/quiénes?	who(m) (whose)?
¿cómo?	how? what? why?
¿(a)dónde?	where?
¿por qué?	why?
¿cuándo?	when?
¿cuánto?	how much?
¿Qué te gustaría hacer este fin de semana?	What would you like to do this weekend?
¿Cuál de los dos prefieres, el té o el café?	Which do you prefer, tea or coffee?
¿De quién es este mapa?	Whose is this map?
¿Con quién está hablando tu hermana?	Who is your sister talking to?
¿Cómo lo sabes?	How do you know?
¿Dónde nació Cervantes?	Where was Cervantes born?
¿Adónde van tus amigos?	Where are your friends going to?

Note

- Interrogative adjectives and pronouns always bear a written accent.

- Direct questions in Spanish are preceded by an inverted question mark, considered by Hispanics as the 'apertura' (opening) of the question.

J Relatives

The following table shows the relatives with their meanings and use.

Relative	Meaning	Use
que	who, whom, which, that	Used as subject and object pronoun.
El joven que habló en el congreso es catalán. La iglesia que visitamos fue construida en el siglo XII.		The young man who spoke at the conference is Catalan. The church (that) we visited was built in the twelfth century.
el/la/los/las que	whom, which, that	Used mostly after prepositions.
El avión en el que viajamos aterrizó con retraso. Las razones por las que fui allí...		The plane we flew on touched down late. The reasons why (for which) I went there ...
lo que	what	Refers to an idea rather than a specific noun.
No teníamos idea de lo que iba a hacer.		We had no idea what he/she/it was going to do.
quien(es)	who, whom	Used only to refer to people.
Juan, con quien trabajaba en Londres, se ha vuelto a Venezuela.		Juan, who I worked with in London, has gone back to Venezuela.
cuyo/a/os/as	whose	An adjective which agrees in number and gender with the noun it qualifies.
El profesor, cuyos alumnos habían ganado un premio, se marchó del colegio.		The teacher whose pupils had won a prize left the school.

K Exclamations

The following table shows the words (pronouns, adjectives or adverbs) used to introduce exclamations, with their meanings and use.

Exclamation	Meaning	Use
¡cuánto(a/os/as)!	how (much/many)!	Used both as a pronoun and an adjective.
¡Cuánto frío hace aquí en Soria!		How cold it is here in Soria!
¡qué!	what a ... ! how!	Used as an adjective only.
¡Qué pena que hayas perdido tu pasaporte!		What a nuisance that you've lost your passport!
¡cómo!	how! what!	Used as an adverb.
¡Cómo! ¿No te acuerdas?		What! Don't you remember?
¡Cómo me impresionó!		How impressed/shocked I was!

Note

- Exclamation words always bear a written accent.

- Exclamations are preceded by an inverted exclamation mark, considered by Hispanics as the 'apertura' (opening) of the exclamation.

L Adverbs

Adverbs tell you more about the action of a verb, by saying *when* something is done (time), *how* it is done (manner), *where* it is done (place) and *to what degree* it is done.

Adverbs are broadly of two types:

- those that are formed from the feminine of an adjective and add the suffix *-mente:*

Adj. masc. sing.	Adj. fem. sing.	Adverb
raro	rara	raramente
profundo	profunda	profundamente
fácil	fácil	fácilmente
feliz	feliz	felizmente

- invariable adverbs of time, manner, place and degree:

Time

ahora	now	luego	then; later
a menudo	frequently	nunca	never
antes	before	pronto	soon
a veces	sometimes	siempre	always
después	later; afterwards	tarde	late
en seguida; enseguida	immediately	temprano	early
		todavía	still
entonces	at that time; then	ya	already; now

Manner

así	in this way; thus	de repente	suddenly
bien	well	despacio; lentamente	slowly
de la misma manera	in the same way	mal	badly

Place

abajo	down; below	delante	in front
adelante	forward(s)	(a)dentro	inside
ahí; allá; allí	there	detrás	behind
aquí; acá	here	encima	above; on top
arriba	above	en todas partes	everywhere
atrás	back(wards)	(a)fuera	outside
cerca	near(by)	lejos	far
debajo	underneath		

Degree

bastante	enough; quite	mucho	(very) much
casi	almost	muy	very
demasiado	too much	(un) poco	(a) little
más	more	tanto	as much
menos	less		

◼ Personal pronouns

	Subject	Direct object	Indirect object	Disjunctive
Singular				
1st person	yo I	me me	me to/for me	mí me
2nd person	tú you	te you	te to/for you	ti (familiar) you
2nd person	usted you	le/lo (masc.), la (fem.) you	le to/for you	usted (formal) you
3rd person	él he/it ella she/it	le/lo him/it la her/it	le to/for him/it le to/for her/it	él him/it ella her/it
Plural				
1st person	nosotros/as we	nos us	nos to/for us	nosotros/as us
2nd person	vosotros/as you	os you	os to/for you	vosotros/as (familiar) you
2nd person	ustedes you	les/los (masc.), las (fem.) you	les to/for you	ustedes (formal) you
3rd person	ellos ellas they	les/los las them	les les to/for them	ellos ellas them

1 Subject pronouns

The use of the subject pronoun

- for emphasis

  ¡Yo qué sé!   How should I know!

- for contrast

  Cuando conducimos en España, ella   When we are driving in Spain she
  siempre lleva gafas de sol, pero yo   always wears sunglasses, but I
  nunca.   never do.

- standing on their own

  – ¿Yo? Pues no, esta noche me quedo   'Me? No, I'm staying in tonight.'
    en casa.

The second person: you

There are two forms of subject pronoun for 'you':

- the familiar, for which *tú* and *vosotros* are used

- the formal, for which *usted* and *ustedes* are used. Note that the formal pronouns are always used with the *third person* form of the verb.

  Familiar: **¿Qué** sabes tú/sabéis vosotros **de la conquista de Latinoamérica?**
  Formal: **¿Qué** sabe usted/saben ustedes **de la conquista de Latinoamérica?**
  What do you know about the conquest of Latin America?

In all of Spanish America, *ustedes* is also used for the *informal* second person plural, instead of *vosotros*. For example, if you say, when addressing several friends: 'Are you going to the cinema tonight?' in Spain this will be: "*Vosotros, ¿vais al cine esta noche?*" and in Spanish America: "*Ustedes, ¿van al cine esta noche?*"

In certain Spanish-speaking areas, mainly Argentina, Uruguay and Costa Rica, the old courtesy pronoun *vos* is widely used, and it replaces the use of *tú*. This originated in *vosotros* and therefore the verbs used with it in the present tense, indicative and subjunctive, show a simplified form of the *vosotros* ending (see notes about these endings in the chapter on verbs). For example, if in Mexico a person asked a friend: 'Do you eat guacamole?', he/she would say: "*¿Tú comes guacamole?*", but an Argentinian would invariably say: "*¿Vos comés guacamole?*"

2   Object pronouns

Third-person singular direct object pronouns

The third-person direct object pronouns *lo/los, la/las* and *le/les* ('him', 'her', 'them') can also be used for second-person formal address (i.e. 'you').

Note that *lo/los* and *le/les* are interchangeable.

Lo/le **veré la semana que viene.**	I'll see *him/you* (formal) next week.
La **conocí en Madrid.**	I met *her/you* (formal) in Madrid.
Los/les **vi en Segovia ayer.**	I saw *them/you* (formal) in Segovia yesterday.

Position

Direct and indirect object pronouns:

- are usually placed before the verb

  Te **daré los vídeos (E)/videos (HA)**   I'll give you the videos tomorrow.
  mañana.

- are normally added to the end of an infinitive or gerund. (If, however, an auxiliary verb precedes the infinitive/gerund the pronoun may be placed before the auxiliary verb.)

  Voy a verla **cuando venga a Bogotá.** ⎫   I'm going to see her when she
  La **voy a ver cuando venga a Bogotá.** ⎬   comes to Bogota.

| Estoy escribiéndoles. | } | I'm writing to them. |
| Les estoy escribiendo. | | |

Note that an accent has to be added in the first version of the second example, in order to preserve the stress.

- are always added to the end of the affirmative imperative

| **Dame** el mapa. | Give me the map (familiar). |
| **Tráigalo** aquí. | Bring it here (formal). |

Order of object pronouns

In sentences that contain both a direct and an indirect object pronoun, the indirect one is always placed first.

| **Te lo** di hace media hora. | I gave it to you half an hour ago. |

In the above sentence, *te* is the indirect object and *lo* is the direct object pronoun.

Indirect object pronoun replaced by *se*

Where a direct and indirect object occur together in the same sentence and are both in the third person, the indirect object pronoun becomes *se*. This is done in order to avoid two successive initial *l* sounds (e.g. *le lo, les lo*).

| ¿**Se la** diste ayer? | Did you give it to him/her/it/them yesterday? |
| No **se lo** digas. | Don't tell him/her/it/them. |

Disjunctive pronouns

Disjunctive pronouns are pronouns that are used after prepositions:

| **Vamos a ver la Sagrada Familia con ellos.** | We're going with them to see the Sagrada Familia. |

With the exception of *mí* and *ti*, the forms of the prepositional pronouns — including Spanish American *vos* — are the same as the subject pronouns.

Mí, *ti* and *sí* combine with the preposition *con* to make *conmigo* (with me), *contigo* (with you) and *consigo* (with him(self)/her(self) etc.).

| ¿**Por qué no vienes** conmigo **a Girona?** | Why don't you come to Gerona with me? |

Reflexive pronouns

Reflexive pronouns are object pronouns that refer back to the subject of the sentence.

Singular

1st person	**me**	myself
2nd person (familiar)	**te**	yourself
2nd person (formal)	**se**	yourself
3rd person	**se**	himself/herself/itself

Plural

1st person	**nos**	ourselves
2nd person (familiar)	**os**	yourselves
2nd person (formal)	**se**	yourselves
3rd person	**se**	themselves

The reflexive pronouns are the same as the direct object pronouns, with the exception of the third person and the formal second person, for which *se* is used.

The reflexive pronoun normally precedes the verb but, like other object pronouns, it is added to the end of gerunds, infinitives and imperatives:

Se marchó a Canarias a las tres de la tarde.	He/She went off to the Canaries at 3.00 p.m.
¡Cállate!	Be quiet!
Está en el cuarto de baño, afeitándose.	He's in the bathroom, shaving.

Sí is the disjunctive form of the third person, meaning 'him/her/it/yourself' (singular) and 'themselves/yourselves' (plural), after a preposition:

Sólo piensa en sí mismo.	He only thinks of himself.

Prepositions

1 *a*

A translates the English word 'at' when it refers to time or rate:

a las cinco	at five o'clock
Viajábamos a 200 kilómetros por hora.	We were travelling at 200 kph.

> *A* does *not* normally translate the English word 'at' for location, which is *en*.

2 *de*

De is the equivalent of the English 'of', indicating possession, and 'from', indicating provenance; *de* can also mean 'by', 'about' and 'in'.

Bodas de sangre, **de García Lorca**	*Blood Wedding,* by García Lorca
Estábamos hablando de los exámenes.	We were talking about the examinations.
a las 6 de la tarde	at 6 o'clock in the evening

3 *en*

En means 'at' of location.

en **casa**	at home
Estaba estudiando en **la Universidad de Quito.**	He was studying at the University of Quito.

4 *enfrente de* and *frente a*

These two prepositional phrases mean 'opposite'.

El museo está enfrente del/frente al **hotel.**	The museum is opposite the hotel.

5 *para*

Para means 'for' and '(in order) to' in the sense of *destination* and *purpose*.

Voy a comprar una tarjeta (postal) de la Alhambra para **mi madre.**	I'm going to buy a postcard of the Alhambra for my mother.
Las lenguas sirven para **introducirte a otras culturas.**	Languages are useful to introduce you to other cultures.
Mañana vamos para **(E) Sevilla en el AVE.**	Tomorrow we're going to Seville on the AVE.

Para can also mean 'by', as in the time by which something must be done.

Tienes que entregar tu trabajo sobre la Inquisición para **el viernes.**	You have to hand your work on the Inquisition in by Friday.

6 *por*

Por is used for *cause* and *origin*. The English equivalents of *por* are 'by', 'through', 'on behalf of' and 'because of'.

Robó la casa por **necesidad, no** por **ser criminal.**	He/She burgled the house out of necessity, not because he/she is a criminal.
Se echó a reír por **lo que había dicho.**	He/She began to laugh because of what I/he/she/you (formal) had said.
Ofrecen el producto por **(el/la) Internet.**	They are offering the product on the internet.
Sal por **la puerta trasera.**	Go out by the back door.

Por is also used to introduce the agent in passive sentences:

El palacio fue construido por **los moros.**	The palace was built by the Moors.

7 sobre

Sobre means 'on (top of)', 'above'.

Los cóndores vuelan sobre la cima todos los días.	Condors fly over the mountain top every day.
Los periódicos están sobre el escritorio.	The newspapers are on the writing-table.

Sobre is also used to indicate an approximate time or number:

Llegaremos sobre las ocho.	We'll arrive around 8 o'clock.

P Conjunctions

There are two main types of conjunctions: coordinating and subordinating.

1 Coordinating conjunctions

Coordinating conjunctions, like *y, o* and *pero*, either stand on their own or link two words or sentences of equal weight.

Pero, ¡eso no es verdad!	But that's not true!
Llegaron y todos comenzaron a hablar en seguida.	They arrived and all began to talk at once.

2 Subordinating conjunctions

Subordinating conjunctions, such as *porque, aunque* and *cuando*, introduce a clause that is dependent on a main clause. The subordinate clause can be in the indicative or the subjunctive.

Está cansada porque ha bailado salsa toda la noche.	She's tired because she's danced salsa all night.
Insistió que se marcharan aunque era tarde.	He insisted that they left although it was late.
Debemos reunirnos otra vez cuando visitemos Pánama.	We must meet again when we visit Panama.

Q Numerals

This section covers some of the essentials. You will have to consult a grammar or a course book for a more detailed account. For the examination (both at AS and A2) you should know:

- all cardinal numbers and how to use them, especially *cien(to), mil* and *un millón*
- how to form the ordinal numbers, and the use of ordinal numbers from *primero* to *décimo*
- how to write fractions and percentages
- collective numbers

1 Cardinal numbers

Ciento is shortened to *cien* before a noun or an adjective but not before another number, except *mil*.

cien **litros**	a hundred litres
los cien **mejores autores de la historia**	the hundred best authors in history

An indefinite article is not placed before *cien* and *mil,* unlike the English 'a hundred' and 'a thousand'.

cien **kilómetros**	a hundred kilometres
mil **euros**	a thousand euros

Un millón (a million) is preceded by the indefinite article as in English, and must be followed by *de*.

un millón de **votos**	a million votes

2 Ordinal numbers

Primero and *tercero* drop the final *-o* before a masculine singular noun.

el primer **día del milenio**	the first day of the millennium
el tercer **hombre**	the third man

Ordinal numbers are normally used up to ten, after which cardinal numbers are used, especially when naming monarchs and centuries.

Felipe II (read 'segundo')	Philip II
but	
el siglo XX (read 'veinte')	the twentieth century

3 Fractions and percentages

Fractions are expressed as follows:

la mitad half   **un tercio** a third   **un cuarto** a quarter

Alternatively, fractions may be expressed like this:

la cuarta parte ($\frac{1}{4}$)   **la tercera parte** ($\frac{1}{3}$)

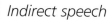

Percentages are preceded by either *el* or *un*; 'per cent' is either *por cien* or *por ciento*.

el/un **70% de los recursos energéticos del país**	70% of the energy resources of the country
el/un **25% de la población**	25% of the population

4 Collective numbers

Note the following:

cientos (de)	hundreds (of)
una decena (de)	ten
una docena (de)	a dozen
miles (de)	thousands (of)
un millón (de)	a million
un par (de)	a couple (of)
una veintena (de)	a score (of)

R Indirect speech

At AS and A2 you frequently have to report on what has been said, which often necessitates a change of person, tense and time markers. For example, a narrative in the first person in the present may have to be changed to the third person in the past:

'I know that there are no easy solutions now.'
becomes
'She said she knew that there were no easy solutions at that moment.'

Direct speech	Indirect speech
"Actualmente, algunos países latinoamericanos pasan por una crisis financiera tremenda — asegura el presidente".	El presidente aseguró que en ese momento algunos países latinoamericanos pasaban por una crisis financiera tremenda.
"No te creo".	Le dijo que no le creía.
"Llegaron al aeropuerto a las 6 de la mañana y no despegó el avión hasta la 1 de la tarde".	Habían llegado al aeropuerto a las 6 de la mañana y no había despegado el avión hasta la 1 de la tarde.

AS pointers

- There are very specific rules governing Spanish that vary considerably or are the exact opposite of the English ones, e.g. those for negation ('double' negatives is the rule in Spanish). Make sure you understand such rules. Apply them often in texts and when speaking, trying to avoid direct translation from English.

- Remember that in Spanish adjectives agree in number and in gender with the noun they describe. Study their different forms for both gender and number and practise using them in the positions outlined in this chapter.

- Remember that Spanish grammar, though quite uniform, has a number of variations. Be consistent in your use. If you use a Spanish-American variety, remember not to use the second form of the personal pronouns in any form, i.e. *vosotros, vuestros* etc.; use the formal *ustedes, sus* etc. instead. If you use the Spanish-American *vos*, remember to use the correct endings for the present and imperative, and do not mix it with *tú*. The whole Spanish-speaking world understands the use of *vosotros* and *vos* etc., and you will be understood if you use it, but you could confuse people if you mix pronouns and verb forms.

A2 pointers

In addition to the AS pointers, consider the following when studying grammar items other than verbs at A2:

- Examiners will expect the level of control of your grammar to be greater. You should concentrate not only on accuracy, but also on complexity of structure. While an AS student may say and/or write:

  Hay un asistente puertorriqueño en el colegio. Su novia también trabaja allí.

  at A2 it would be better instead to say:

  El asistente cuya novia trabaja en el colegio es puertorriqueño.

- Just as with verbs, concentrate on the more idiomatic phrases, which will often require a special use of grammar, e.g. prepositions. For example:

  Por si acaso, repasa de nuevo.   Just in case, revise again.

CHAPTER 4 Speaking

The first two sections of this chapter contain important advice on how to tackle different types of stimulus that are provided by the examination boards at AS and A2.

We explain **How to tackle a role-play at AS** and **How to tackle the A2 oral**, illustrating each with short examples of what you should say or consider, and the types of question that an examiner might ask you. A number of sample dialogues follow, pitched at AS and A2 respectively; these will be useful to show the level of language and content required in oral performance by the examination boards.

AS topics
A Tourism and leisure
B The family
C The world of work
D The media
E Health issues
F Education

A2 topics
G Social issues
H The environment
I Popular culture
J History and heritage
K Politics
L Technological and scientific advances

At the end of the chapter there is a section on **Common pronunciation problems** and some **AS** and **A2 pointers** to help you see what is expected of you at each level.

The topics are divided according to how the various boards allocate them at AS and at A2. Note that not only does the content vary between AS and A2, but a higher level of sophistication is required for the latter. In spite of this division, *it is not enough to study only the topics listed as AS — or as A2 — to pass the examination!* You must read and study *all* topics to be well prepared.

Speaking tends to be the part of the examination that creates most tension, which can make you forget words and phrases you know when you come face to face with the examiner. In order to avoid this, it is essential that you practise speaking Spanish as much as you can, not only in class, but outside it, with friends who are native Spanish speakers or who speak the language well.

Learning to speak effectively

- Read the sample dialogues out loud, getting feedback on pronunciation and intonation from your teacher or a proficient Spanish speaker. Ask him/her to tell you where your weak points lie and practise imitating his/her speech.

- Answer the supplementary questions following each dialogue, if possible contrasting your opinions and/or facts with those in the examples.

- Discuss and debate issues that arise from the topics with your teacher/language assistant and your fellow students, in order to learn how to defend a point of view and to develop the language of argument.

- Once you have done this, get your teacher/friend to ask you further questions and to make you think 'on your feet'.

- Try to tape these conversations. This will help you to focus on your pronunciation, phrasing and timing.

- Remember to listen to as much conversational Spanish as you can, for example on television, radio or the internet. You will not only get a sense of the rhythm of the language, but you will incorporate expressions — including fillers — that will make you sound much more natural.

How to tackle a role-play at AS

At AS, if you are studying for the OCR examination, you will be expected to perform a role-play based on a stimulus in English, such as a brochure. In most cases you will play the part of a speaker of Spanish — such as a receptionist at a Tourist Information Centre or a mobile phone salesperson — who has to 'guide' the examiner and attend to his/her requests. Here is an example of one such stimulus:

Experience Old England Stow-on-the-Wold Manor House

Only 2.5 miles south of Stow-on-the Wold, in the north Cotswolds, our residence gives you an opportunity to enjoy England's beautiful green hills and woods. Use it as a base to explore Shakespeare's Stratford-upon-Avon and monuments such as Warwick Castle.

You will be lords of the manor, living in stately rooms: double rooms for adults and twin beds for the children.

Activities:
- **Re-live history:** *History Hikes* through historic Roman, Saxon, Medieval and Norman buildings and villages nearby: Mon–Fri by arrangement.
- **Explore the countryside:**
  (1) Archeological tours (May–Aug): Tues & Thurs 10.00 a.m.–2.00 p.m.
  (2) Horse riding: Mon–Sat until 4.00 p.m.
- **Enjoy traditional cuisine and drinks:** at the Manor (12.00 to 2.00 p.m.) or at *The Drinking Well* pub in Nether Swell. Try the leek, beef and ale pies!
- **Solve a murder mystery:** *Who murdered the Earl of Gloucester?* Every Friday evening at the Manor Residence.

Experience England!

For more information call 01458 357903

Read the instructions carefully

Below is the *candidate's sheet* for use with the stimulus on page 92. In the OCR examination, this comes in Spanish with a brief note in English that sets out the order of the task. Read the instructions carefully, to make sure which role you should be playing.

Situación

Trabajas en una oficina de turismo que promociona vacaciones de tipo cultural.

Tarea

Recibes a cuatro familias que vienen de España y que desean tomar unas vacaciones en Inglaterra para conocer su historia y su paisaje.

Primero debes preguntar:

1 **el número de personas que desean alojamiento**
2 **el tipo de actividades que desean realizar**

Tienes contigo un folleto publicitario de *Stow-on-the-Wold Manor House*, y consideras que es el lugar ideal para que los españoles conozcan las tradiciones de Inglaterra. Un/a padre/madre te hará preguntas, a las cuales debes contestar, utilizando como base la información del folleto proporcionado. Tienes que explicarle:

- dónde está Stow-on-the-Wold Manor House
- el tipo de alojamiento
- lo que hay para ver y hacer allí

Durante la conversación se hablará también de:

- las ventajas de alojarse en este lugar
- tu opinión sobre por qué estas visitas son cada vez más populares

NOTA: manor = (*noun*) feudo; manor house = (*noun*) casa solariega

---

In this case, your job is to *provide* as much information as required about the lodgings and activities, and to *match* the examiner's needs to the ones advertised. The number of people will be important in the subsequent advice, which you have to give following the instructions.

Prepare a set of notes with key words

Prepare a set of notes with key words in order to supply the information accurately. In the example provided, these could include the following:

Registro: VOSOTROS o USTEDES (choose between these two)

Palabras: colinas, bosques, pueblos pequeños/chicos (HA), castillo de Warwick, el señor/noble del feudo/feudal (see *NOTA* on candidate's sheet), dormitorios matrimoniales/con camas gemelas/cuchetas (HA), la cocina y bebidas tradicionales, pasteles, especialidad.

Frases: a... millas/kilómetros de... , el norte/sur de... Inglaterra, hacer caminatas/ excursiones históricas guiadas, explorar el campo/la campiña, montar a caballo, solucionar un enigma de asesinato.

Stick to the information

Stick to the information in the material provided, but *think of reasons* why, for example, you might suggest one activity that is more suited to the require- ments of the examiner than others. In our example, if he/she is leading a group that includes young people, they might prefer to visit the grounds of the manor house, where they could do a *History Hike* (*una caminata/excursión histórica*) or go horse riding (*montar a caballo*), rather than spend a whole day inside the building.

Consider cultural and national characteristics

Consider the cultural and national characteristics of the people you are sup- posed to be dealing with. In our example, bear in mind that Spanish people tend to have lunch from 2.00 to 4.00 p.m. You should point out that, unlike in Spain, lunch is served much earlier in the manor house, following the custom in Britain.

Try to be brief

Try to be brief and to provide the information needed in a straightforward manner. The time normally allocated for such an activity should not exceed 5 minutes.

How to tackle the A2 oral

At A2 you're expected to show a higher level of understanding, discussion and debate with a Spanish speaker than at AS. The discussion could be based on an article in Spanish (OCR), a stimulus card (AQA), both of which are provided by the examiner, or it could begin with a debate issue brought up by the candi- date (Edexcel). Be aware that preparation time is required for OCR and AQA but not for Edexcel. The OCR or AQA examiner will be interested to see how well you have used your preparation time, will test your understanding of the stimulus, and would like to hear your opinions on it. Whichever board you are entered for, the oral will require you to discuss and exchange views with the examiner, as the sample materials show.

The examiner will guide you with general and open questions to engage in a conversation or a debate (not a role-play), during which you can use the stimulus, where appropriate, to back your ideas or to contrast them. Where you are instigating a debate, however, you will be able to take the initiative more, and challenge the examiner's views.

Here is an example of the kind of text that the OCR oral might be based on:

Avalancha de "sin papeles"

Mientras los países pobres se desangran en un incesante flujo de inmigrantes, los desarrollados, y España en particular como puerta de Europa, intentan regular la masiva llegada de extranjeros indocumentados que arriesgan su vida para alcanzar la sociedad del bienestar.

Este año, la detención de ilegales en el momento de su llegada a España, especialmente por vía marítima, se convirtió en una noticia prácticamente diaria. A lo largo del año, un total de 17.692 inmigrantes fueron interceptados a su llegada en patera a las costas españolas, un 23,4% más que el año pasado. El mayor aluvión de ilegales detenidos en un solo día se produjo el fin de semana del 18 y 19 de agosto, con la detención de 804 individuos que pretendían entrar ilegalmente en la Península.

A la tradicional ruta a través del Estrecho de los magrebíes se ha unido ahora la travesía hasta Canarias, más larga y peligrosa. El Gobierno ha detectado además un notable incremento del número de inmigrantes subsaharianos y ha expresado su preocupación por el "repunte" de la inmigración asiática.

Los 4.000 inmigrantes que han perdido la vida en aguas españolas en los últimos cinco años, según las estimaciones de la Asociación de Trabajadores de Inmigrantes Marroquíes (ATIME), son la prueba más elocuente del dramatismo de un fenómeno claramente imparable.

Las pateras suelen ser el peligroso transporte en el que los inmigrantes tratan de cruzar el Estrecho de Gibraltar. No obstante, en ocasiones, la desesperación y las mafias les hacen optar por otras vías, no menos trágicas. Así ocurrió con cuatro jóvenes marroquíes que murieron el pasado 19 de agosto en el interior de un camión frigorífico a bordo del cual intentaban entrar en Europa. Su viaje, que partió de Casablanca, finalizó en Guipúzcoa, donde fueron hallados muertos por el conductor del vehículo.

El Mundo, agosto de 2001

NOTA:
patera (E) = small boat; **Estrecho de los magrebíes** = Straits of Gibraltar; **Guizpúzcoa** = province of Euskadi/Páis Vasco autonomous community

Preparation time

During your preparation time, you should:

- **Analyse the text carefully**, bearing in mind the statistics that are often provided. Ask yourself: 'What does this number/graphic mean exactly?' and 'How can I explain this in my own terms?'

- **Form an opinion about what the text says**, and be ready to react to it in a mature and informed way.

- **If your board is OCR, always link the information, and even your opinions, to your knowledge about Spanish-speaking countries.** In our example, you could add that the situation is aggravated by the massive immigration of Spanish Americans, who have escaped the political and/or economic crises in their own countries, and who are competing with Spaniards on more equal terms, although facing discrimination in many cases. Since this fact increases the number of immigrants and affects the work situation, it makes unrestricted immigration a much more delicate issue for the Spanish government.

Questions

You will be expected to answer general and specific questions on the text, such as:

1 ¿A quiénes se refiere la calificación de "sin papeles"?

2 ¿De dónde provienen dichas personas?

3 ¿A qué se debe la inmigración masiva a España de extranjeros?

4 El número de ilegales, ¿ha disminuído con respecto a años anteriores? ¿Qué representan las cifras?

5 ¿Cuáles son las formas que eligen los ilegales para ingresar en el territorio español? ¿Son peligrosas?

General conversation/debate

In the second part of the oral, all three boards focus on topics you would normally discuss during your preparation for the A2 oral. This part of the examination takes the form of a conversation/discussion that will enable you to express your opinions; for this you have to be prepared to 'think on your feet'. Prepare yourself for this part of the oral by discussing the set topics in pairs and in groups, taking up opposing positions. Whole-class debates are also an excellent way of familiarising yourself with the controversial aspects of the topics.

Note: Although all boards will include a conversation part in the oral examination, you should bear in mind that if you are being examined by OCR, you will have chosen one or two topics (which should relate to Spain or to a Spanish-speaking country) and communicated them to the examiner before the exam, while for AQA and Edexcel the examiner will choose the topics during the examination itself.

General conversation (all boards)

In the conversation/discussion you will have to express your opinions by answering a number of questions related to a topic, e.g. global warming (the environment):

1 ¿Me puedes explicar por qué ocurre el calentamiento global?

2 En general, ¿cuáles son los efectos de este fenómeno?

3 ¿Cuáles son los peligros más importantes del calentamiento global en España/Hispanoamérica?

4 ¿Qué hace el Gobierno para hacer frente a estos peligros?

5 ¿Cómo puedes tú personalmente contribuir a la lucha contra el calentamiento global?

Debate (AQA and Edexcel)

For the first part of the AQA and Edexcel orals, your preparation will be geared to the explicit requirement **to debate** an issue. For both orals it is essential that you be aware of **the more controversial aspects** of the topic to be debated.

For AQA, you will not be informed of the topic until 20 minutes before the oral examination, so you need to learn the language of debate and be able to apply it to any aspect of the topics set by the board at A2. The topics will be given to you on a card containing two speech bubbles with contrasting ideas (for example, one in favour of helping immigrants and one against). You will be marked to some degree according to the ability you show in defending the debating position chosen.

Likewise, for Edexcel the assessment is partly based on your success in defending your position, but in this case you are able to choose your own topic and debating point before the examination. Your preparation should be spent in working on the pros and cons of the debate issue (whether you are personally for or against).

Two of the A2 dialogues that follow (I and K) exemplify the debate-style oral. Note especially the highlighted phrases, which could be useful to you in debating the issue in the way required for your oral.

AS topics

This section contains some sample conversations between AS candidates and examiners. These could be part of the discussion that follows a presentation on the topic chosen by the candidate, or part of the candidate's discussion of a visual stimulus or short article in Spanish or English. Although in the actual examination the examiner might interrupt to elicit more information as you speak, or agree or disagree, the most important point is to supply enough information or opinions to answer every question the examiner poses.

For practical purposes, these conversations (which are based on actual dialogues) have been graded for AS. If you are revising these topics for A2, you should concentrate much more on the analysis and evaluation of data, on the basis of facts and figures, and on clarifying the opinions and challenging the views of the examiner when possible.

The most useful connectives and phrases appear in blue in each dialogue; it is strongly recommended that you use these appropriately in order to improve the quality of your performance. For more vocabulary see the respective subsections of Chapter 1.

A Tourism and leisure

Examinador/a: ¿Qué les gusta hacer a los turistas en España?

Candidato/a: A los extranjeros les gusta mucho ir a España, pero con frecuencia es un tipo de viaje que no es muy intelectual. Les gusta solamente ir a la playa porque hace muy buen tiempo, y a beber cerveza e ir a las discotecas. Eso es lo que les atrae a los jóvenes. Y a los mayores les gusta más el turismo organizado, en hoteles cerca de la playa o en centros turísticos costeros, con todo pago.

Examinador/a: ¿Y a qué lugares van normalmente?

Candidato/a: Ibiza, en las Baleares, es muy popular entre los jóvenes ingleses y los alemanes, y Almería o la Costa del Sol con los mayores. Sin embargo, a muchos extranjeros y españoles no les interesa esto. Prefieren visitar, por ejemplo, Andalucía, Barcelona o Madrid. En Andalucía muchos observan el arte árabe, y descubren las ciudades, tan bellas. La arquitectura de Gaudí en Barcelona también atrae a millones de turistas cada año.

Examinador/a: ¿Tú crees que el turismo en estas regiones y ciudades es positivo para España?

Candidato/a: Sí, es muy positivo, especialmente en Andalucía. Sabemos que ésta es una región de España que no es muy rica en cultivos, ni es muy industrial. Entonces, con el turismo, puede ganar dinero, explotando su cultura y arquitectura. Barcelona es muy rica, así que no necesita del turismo, pero lo aprovecha, y así es cada vez más rica.

Examinador/a: ¿Y qué pasa con los turistas que van en masa a lugares como la Alhambra, en Granada?

Candidato/a: Pues ése es el gran problema en todos los lugares turísticos, la gran cantidad de gente. Los turistas ensucian los palacios o las iglesias, por ejemplo. Aun así, toda la gente debería tener la oportunidad de visitar estos lugares. Es posible muy temprano por la mañana, por ejemplo, o quizás en una estación como invierno, que es temporada baja. Así no se causa tanto daño.

Supplementary questions

1 En tu tiempo libre, ¿te gusta hacer turismo? ¿Por qué (no)? Si te gusta el turismo, ¿de qué tipo es?

2 ¿Tú crees que es más cómodo hacer turismo en España que en otros países de Europa o de Hispanoamérica? ¿Por qué (no)?

3 ¿Qué lugar de España o de Hispanoamérica me recomendarías visitar como un/a turista que desea conocer la historia del país? ¿Por qué?

4 ¿Qué opinas de los turistas que no hablan español cuando van a España o Hispanoamérica?

5 ¿Qué tipo de actividades crees que son más convenientes realizar cuando visitamos lugares históricos como Machu Picchu en Perú, o naturales como las playas de México? ¿Por qué?

B The family

Examinador/a: Muchos hispanos dicen: *Lo primero es la familia*. ¿A qué se refiere este dicho?

Candidato/a: Se refiere a que para los hispanos la familia es lo más importante en la vida. Creo que en España, por ejemplo, el concepto de familia es más fuerte que en otros países. Hay mucho más contacto con otros miembros de la familia , por ejemplo abuelos, tíos y primos. Me parece que en Gran Bretaña hay un poco más de distancia entre los parientes más lejanos.

Examinador/a: ¿Por qué crees que es tan fuerte el concepto de familia para los hispanos?

Candidato/a: Porque la familia es bastante tradicional en los países hispanos. Creo que está muy unida porque la gente vive con su familia más tiempo, inclusive durante los años de universidad, porque, por razones económicas o por tradición, no salen del hogar hasta que son mayores. Hay mucha comunicación con los otros miembros del grupo. Es por esto que la familia es más importante a la hora de tomar decisiones.

Examinador/a: Pero este tipo de familia tradicional unida está cambiando, ¿no es verdad?

Candidato/a: Así es. Por un lado, las familias que viven juntas a veces no se comunican tanto, porque los padres o los hijos tienen que trabajar a horarios distintos, y cuando están libres, prefieren salir con sus amigos, o no se llevan tan bien con los otros y no salen. Por otro lado, ya está más aceptado el divorcio y las familias de padres o madres solteros o solteras son más comunes, pero algunos tienen prejuicios. En conclusión, la familia hispana no es tan tradicional como antes.

Examinador/a: ¿Crees que el tipo de familia tradicional hispano tiene muchas ventajas?

Candidato/a: Me parece que es algo muy personal. Vivir muchos años bajo el mismo techo tiene las ventajas de que la familia está más unida, hay más apoyo, los hijos pueden ahorrar y se comparten las experiencias de otras generaciones. Sin embargo, también tiene la desventaja de que hay mucha dependencia emocional y económica. Si los hijos son muy mayores, les cuesta mucho dejar la casa, porque no han aprendido a ser independientes en su momento.

Supplementary questions

1 Las familias hispanas, ¿son muy diferentes en composición y comportamiento a las de tu país de origen? Explica.

2 ¿Cuál es la tasa actual de natalidad en España? ¿Qué opinas al respecto?

3 ¿Crees que es necesario independizarse de los padres a los 18 años? ¿Por qué (no)?

4 ¿Te parece importante compartir mucho tiempo, y a menudo, con tus parientes? ¿Por qué (no)? ¿Lo hacen los hispanos?

5 El divorcio, ¿está aceptado por la sociedad y las leyes de países hispanos? Explica si es común divorciarse y por qué (no).

C The world of work

Examinador/a: La desocupación es bastante alta en muchos países hispanos. ¿Cuáles son las causas de este fenómeno?

Candidato/a: En muchos países, como España, el "paro", como llaman al desempleo, es bastante alto porque en algunas regiones no hay industrias o compañías (inter)nacionales para trabajar. Por otro lado, en España, y en Hispanoamérica también, aún se ve al puesto de trabajo como algo permanente. Eso quiere decir que no hay puestos de trabajo hasta que no se jubilen los que los tienen.

Examinador/a: Por lo que me dices, ¿es más difícil encontrar un trabajo en España o Hispanoamérica que en tu país?

Candidato/a: Creo que sí. Primero, hace falta un contacto dentro de la empresa o de la institución, un "enchufe" como dicen los españoles/una "palanca" o "cuña" en Hispanoamérica. Éste habla con los jefes y ayuda a conseguir el puesto. Luego, cada vez más trabajos requieren de un título adecuado, y el candidato tiene que estudiar más de seis años normalmente; en el caso de España, hay que pasar un examen oficial, llamado "oposición", después de esto. Y como si esto no fuera suficiente, la mayoría de los empleadores piden una edad mínima y experiencia, o sea que hay muy pocas oportunidades para los jóvenes.

Examinador/a: ¿Y cómo viven los que están desempleados o en el "paro"?

Candidato/a: En el caso de España, tienen el apoyo del gobierno. Reciben dinero de la seguridad social, es decir "cobran el desempleo/paro", hasta que consiguen un trabajo. El problema mayor está en varios países hispanoamericanos, donde la economía no funciona bien, y entonces los desempleados no pueden cobrar el desempleo o directamente no hay un sistema de ayuda del gobierno.

Examinador/a: ¿A ti te gustaría trabajar por un tiempo en un país hispano?

Candidato/a: Bueno, realmente me gustaría, porque quisiera seguir practicando el castellano, y también porque ahora hay oportunidades. Pero, personalmente, no me atrae conseguir un trabajo profesional, ya que hay mucha burocracia, y no tengo los contactos necesarios.

▶ **Supplementary questions**

1 Comparado con los países hispanos, ¿qué tipos de trabajo realiza la gente de tu edad en tu país? Describe.

2 ¿Crees que es positivo tener una experiencia de trabajo en otro país, como España o México? ¿Por qué (no)?

3 En la mayoría de los países hispanos se trabaja con un horario "partido", es decir, con un largo descanso para almorzar, y uno "de corrido" o "intensivo" durante el verano o en las grandes ciudades. ¿Cuál crees que es mejor desde el punto de vista de los empleados? ¿Por qué?

4 Comparado con España/Hispanoamérica, ¿qué necesitas para conseguir un trabajo en tu país de origen?

5 ¿Te parece que los cargos más importantes en empresas o instituciones están reservados para los hombres solamente? Explica.

D The media

Examinador/a: ¿Qué tipo de programas ves más a menudo? ¿Por qué?

Candidato/a: Me interesa sobre todo ver las noticias, pero a menudo sigo alguna miniserie o telenovela. Es que quiero estar informado/a sobre lo que pasa en el mundo, sobre todo en Hispanoamérica, pero a veces me resulta deprimente, así que veo alguna telenovela para entretenerme y pasarlo/la bien.

Examinador/a: ¿Crees que la televisión intenta informar o vender? ¿Por qué?

Candidato/a: Es una combinación de las dos cosas. Es un medio de comunicación muy importante, y accesible para casi todos. Me parece que lo principal es que nos comunica con el resto de la sociedad. Sin embargo, muchos usan este medio para vender sus productos. No tengo nada en contra de esto. La gente puede elegir lo que quiere ver, ¿no es así?

Examinador/a: ¿Y prefieres leer periódicos o revistas? ¿Por qué?

Candidato/a: De la misma manera que demasiadas noticias me deprimen, leer demasiado los periódicos o diarios me cansa. Además, creo que los periódicos no son tan objetivos como la tele o la radio. En Argentina, por ejemplo, los periódicos son muy políticos. Tienen sólo *un* punto de vista.

Examinador/a: ¿Tú crees que estamos más informados que antes gracias a los avances de los medios de comunicación?

Candidato/a: En parte sí, porque también tenemos (el/la) Internet, que puede actuar como un agente comunicador. Lo que pasa es que muchos medios distorsionan la realidad o son demasiado indiscretos. Hay más información, pero hay menos calidad de información. Por lo tanto, creo que estamos igual o menos informados que antes.

Supplementary questions

1 ¿Qué medio de comunicación te parece más objetivo? ¿Por qué?

2 ¿Crees que los canales televisivos no deberían pasar anuncios publicitarios? ¿Por qué (no)?

3 La televisión, ¿no debería mostrar ni sexo ni violencia en tu opinión? ¿Por qué?

4 Hay mucha censura en los medios de comunicación en algunos estados hispanos. ¿Qué opinas al respecto?

5 Algunos hispanos dicen: "los medios sirven sólo para entretener a las masas". ¿Estás de acuerdo con esta afirmación? ¿Por qué (no)?

E Health issues

Examinador/a: Los españoles, ¿fuman más que la gente de tu país?

Candidato/a: Lamentablemente sí. En España, la mayoría de los jóvenes y adultos fuman mucho más. Creo que es algo personal, pero también hay que considerar a los fumadores "pasivos". Esto no es nada bueno. Los que no fumamos tenemos que respirar el humo de los que sí fuman. Eso no me parece saludable. A veces tampoco se respeta la ley de no fumar en espacios públicos.

Examinador/a: ¿Tú crees que beber alcohol es menos peligroso que fumar?

Candidato/a: No estoy de acuerdo con eso. Beber alcohol puede ser mucho más peligroso que fumar. Cuando bebemos no sólo nos relajamos un poco, sino que perdemos el control. En España hay muchos accidentes de tráfico/tránsito por culpa de beber y después conducir, por ejemplo. Un vaso de vino tinto por día es lo que recomiendan los médicos, para ayudar a la circulación, pero si bebemos más, hay que ser responsable y moderado, en mi opinión.

Examinador/a: ¿Qué consejos me darías para estar en forma?

Candidato/a: Algo que muchos olvidan: dormir bien, por lo menos ocho horas por día. Es indispensable para tener energía. Hacer una siesta no es sólo una costumbre hispana, dicen los expertos que es natural. También creo que todos deberíamos hacer por lo menos unos minutos de ejercicio por día y respirar profundamente para estar en forma. Practique el yoga o la natación; me parece ideal para estar en forma.

Examinador/a: Los hispanos comen bastante carne. ¿Es posible ser vegetariano en un país hispano?

Candidato/a: ¡Ya lo creo que sí! Por supuesto que es un poco difícil, porque muchos platos típicos argentinos, como el asado, o españoles, como el cocido madrileño, tienen carne de vaca o de cerdo. Pero también hay una gran variedad de platos típicos para los vegetarianos, por ejemplo, las enchiladas de verdura, en México. La cocina hispana es muy variada ¡Sí que se puede ser vegetariano en un país hispano! Aparte, me parece una opción muy saludable. Hay cada vez más personas que deciden dejar la carne.

Supplementary questions

1 ¿Te parece que la dieta mediterránea es la más saludable de todas? ¿Por qué (no)?

2 El problema del consumo de drogas es grande en muchos países hispanos. ¿Sucede lo mismo en tu país? Explica.

3 ¿Qué tipos de ejercicios son buenos para estar en forma? Da instrucciones de cómo hacerlos.

4 ¿Crees que debería prohibirse el consumo de alcohol en la calle? ¿Por qué (no)?

5 En tu opinión, ¿con qué frecuencia debemos ir al médico? ¿Para qué? Explica.

F Education

Examinador/a: Leer, ¿es popular en España?

Candidato/a: Sí, pero según un artículo que he leído, no hay muchas personas que lean a menudo, sólo el cincuenta por ciento. La mitad, nada más, no es mucho, en mi opinión.

Examinador/a: ¿Cuál es el fenómeno que describe el artículo que has leído?

Candidato/a: Dice que si a los españoles les gustan los libros, qué tipos de libros son, y la situación en el futuro con la lectura en España y en Europa. Hay un veintisiete por ciento más de lectores en Holanda que en España, por ejemplo. Es decir que los españoles están menos interesados en leer. Pero los expertos dicen que en Italia y España hay cada vez más lectores.

Examinador/a: ¿Y tú crees que los hispanos leen más porque están mejor educados que antes?

Candidato/a: En parte, sí. Ver páginas en (el/la) Internet reestimula la lectura y la información, por ejemplo. Yo creo que hoy en día los hispanos quieren estar más en contacto con el mundo, y por eso leen más.

Examinador/a: Hablemos de lo que piensas tú. ¿Qué opinas de la lectura?

Candidato/a: Me gusta leer, y creo que leer es fundamental para la vida de todos. En mi país, como en España, es central en nuestras actividades. Está claro que al leer la gente se mantiene actualizada y puede participar en eventos sociales y políticos. Leer es esencial, inclusive en las lenguas locales de España, como por ejemplo el catalán, y en la nacional, el castellano.

Supplementary questions

1 ¿Por qué has decidido estudiar español a este nivel?

2 ¿Crees que hay una mejor edad para la educación? ¿Cuál? ¿Por qué?

3 ¿Crees que leer/estudiar nos ayuda a relacionarnos con otros pueblos, como España e Hispanoamérica? ¿Por qué (no)?

4 ¿Te parece que (el/la) Internet educa o sólo entretiene? ¿Por qué? Da ejemplos.

5 ¿Crees que la educación a tu nivel debería ser más teórica o más práctica? ¿Por qué?

A2 topics

The following six sample dialogues are also based on real conversations between an examiner and a student. Since the topics they cover are more likely to be set for the A2 examinations, they have been graded accordingly. If you happen to be revising a topic that is in this A2 section for AS, it may be worth reading over the dialogues in order to extract ideas and vocabulary.

Note that in dialogues I and K the candidate and the examiner take opposing stances and each argues his/her point view. For AQA and Edexcel especially, you have to be prepared to present an argument to the examiner logically and to defend it with reasoned arguments.

The most useful connectives and phrases appear in blue in each dialogue; it is strongly recommended that you use these appropriately in order to improve the quality of your performance. For more vocabulary see the respective subsections of Chapter 1.

G Social issues

Examinador/a: La inmigración es muy alta en España. ¿Cuáles son las causas de este fenómeno?

Candidato/a: Como bien dice usted, llegan miles y miles de inmigrantes a España por año. La mayoría viene de países hispanoamericanos, escapando de la pobreza o en busca de trabajo. Sin embargo, ahora hay un gran número de inmigrantes de otros países europeos, y su razón para mudarse allí es la mejor calidad de vida, o bien, en lugares como la costa mediterránea, es debido al clima mucho más agradable que en sus países de origen.

Examinador/a: ¿Crees que la inmigración masiva trae muchos problemas?

Candidato/a: Claro que trae problemas, como por ejemplo la adaptación al idioma y a las costumbres. Muchos niños se atrasan en la escuela porque sus compañeros no comprenden, y hay que invertir tiempo y recursos en educar a los trabajadores y escolares para que puedan ser parte de la sociedad. Además, existe una franja importante de la población española que no es muy tolerante, que se siente amenazada o que simplemente no está acostumbrada y rechaza a los inmigrantes. Aun así, creo que la inmigración es muy positiva para España.

Examinador/a: ¿En qué sentido es positiva la inmigración?

Candidato/a: Es positiva ya que equilibra la tasa de natalidad tan baja de España. Actualmente hay una media de un hijo por familia, el promedio más bajo salvo el de Italia. Los inmigrantes, sin embargo, son más fecundos y traen a sus familias. Este hecho puede ayudar a solucionar la falta de mano de obra en el futuro, que ya se observa en algunas áreas, como en la de la cosecha de las naranjas. Algunos trabajos manuales son realizados por los inmigrantes, porque los españoles eligen trabajos más especializados.

Examinador/a: ¿Y qué opinas de los que se mudan a las grandes ciudades?

Candidato/a: Ése es un problema grave en casi todos los países hispanos. Los que están desesperados por conseguir un trabajo como los campesinos o los obreros, van a las ciudades más grandes, como Madrid, Lima o México D.F. Al no encontrar trabajo fácilmente, van a vivir en chabolas o villas miserias. Ése es otro gran problema social, porque las condiciones allí son muy malas. No sólo no tienen trabajo, sino que viven la pobreza y la violencia de la ciudad.

Supplementary questions

1 ¿Cuál es la tasa de natalidad y mortalidad de tu país? Compárala con la española y explica las diferencias sociales al respecto.

2 ¿Te parece que la sociedad hispana es más igualitaria que la de tu país? Da ejemplos.

3 ¿Cuáles crees que son las principales consecuencias sociales de la vida en las chabolas o villas miseria de los países hispanos?

4 Se observan mucha violencia y secuestros en ciudades hispanas como Caracas y Bogotá. ¿A qué se debe dicho fenómeno social?

5 ¿Cuáles crees que son los principales derechos para vivir en la sociedad? ¿Se cumplen en tu país? ¿Y en los países hispanos? Explica.

H The environment

Examinador/a: ¿Tú crees que es importante conservar intactos lugares cómo las selvas de Costa Rica o Nicaragua?

Candidato/a: ¡Me parece que es realmente indispensable hacerlo! No olvidemos que allí viven miles y miles de especies animales y vegetales. Si destruimos las selvas, no sólo estamos destruyendo su hábitat natural, sino que rompemos el equilibrio de la naturaleza. Por ejemplo, cuando algunas compañías talan los bosques y desforestan zonas de la selva amazónica, provocan inundaciones muy grandes en países como Perú o Paraguay. Así se pierden cosechas y casas. Entonces, si destruimos la selva, el mal es también para nosotros mismos.

Examinador/a: ¿Qué actividades se pueden realizar para conservar el medio ambiente de esos y de otros países?

Candidato/a: Yo estoy convencido/a de que hay que consumir menos y reciclar más. Por ejemplo, la gente debería usar menos papel nuevo, que viene de la madera, y más papel reciclado, así no se perderían o reforestarían bosques, y el proceso de reciclaje sería más económico. También me parece que no hay que ir en grupos muy grandes a lugares protegidos, porque esto provoca un daño al medio ambiente.

Examinador/a: ¿Crees que hay que disminuir la industrialización y aumentar la explotación agropecuaria para solucionar los problemas medioambientales?

Candidato/a: En parte sí, pero esto no es muy realista que digamos. La verdad es que necesitamos de las fábricas y de los productos para vivir cómodamente. Creo que ya no es tan fácil volver al campo y vivir como nuestros abuelos si queremos ganar dinero y tener una carrera. Lo bueno sería controlar bien la industrialización de los países, especialmente las consecuencias que traen, por ejemplo, dónde se vierten los residuos.

Examinador/a: Si tuvieras la oportunidad de solucionar los problemas de las zonas industriales de los países hispanos, ¿cómo lo harías?

Candidato/a: Intentaría proponer leyes muy estrictas para la cantidad de fábricas. Contra la contaminación ambiental, trataría de reemplazar algunos agentes contaminantes, como el plástico, por otros. Para asegurarme del cumplimiento de las normas, crearía más grupos de inspección independientes, por ejemplo de otros países o zonas, que controlen las condiciones de producción.

Supplementary questions

1 ¿Te parece que hay que proteger ciertas zonas de España, como las playas mediterráneas? ¿Por qué (no)?

2 En tu opinión, ¿la naturaleza está al servicio del hombre? ¿Por qué (no)? Da ejemplos.

3 El proceso de reciclaje requiere de muchos químicos. ¿Tú crees que es mejor no reciclar productos como el plástico o el vidrio? ¿Por qué (no)?

4 La caza de animales debería estar totalmente prohibida. ¿Estás de acuerdo con esta afirmación? ¿Por qué (no)?

5 Menciona por lo menos tres efectos de la industria en el medio ambiente. ¿Cómo puedes disminuirlos? Compara con la realidad de países hispanos.

Popular culture

Examinador/a: ¿Qué tema has escogido?

Candidato/a: La corrida de toros. He elegido este tema porque, para mí, la corrida desempeña un papel fundamental en la vida española desde hace siglos. Forma parte del carácter de los españoles, y muchos escritores famosos han escrito sobre ella; los toreros como Manolete, que murió en el ruedo antes de la segunda guerra mundial, son héroes legendarios. En la ópera Carmen, de Bizet, el drama combina la corrida y el flamenco, dos temas importantes de la cultura española. También yo creo que la corrida, aunque parece un espectáculo cruel, de hecho no lo es. Los que quieren abolirla están equivocados.

Examinador/a: No creo que tengas razón, por lo menos en lo que se refiere a la sociedad española de hoy en día. Antes sí, le gustaba mucho a la gente ir a ver los toros, pero la sociedad se ha desarrollado mucho y ahora no van muchos españoles a la corrida; dicen muchos que sin los turistas la corrida no podría sobrevivir. No creo que los toros sean realmente parte de la cultura popular española actual.

Candidato/a: ¡No, no, todo lo contrario! No sólo se aprecian las corridas, sino que hay un verdadero mundo de los toros en España. Sin las corridas, los toros de lidia desaparecerían y, como consecuencia, no habría aficionados a ellos. Aunque a algunos no les guste, el torero y el ruedo representan el carácter valiente y apasionado de los españoles. Además, muchos toreros se ven en la revistas del corazón como ¡*Hola*!; a la gente le apasiona saber de su vida privada. Se puede ver corridas todos los domingos en la tele; uno hasta puede ver la corrida desde su butaca en su casa.

Examinador/a: Sí, así es, pero entonces la mayoría de los espectadores no ve la lidia en la plaza de toros sino en la pantalla, y es por eso que ver derramar sangre parece menos real. Esta nueva falta de sensibilidad es un fenómeno moderno; no hubiera existido hace cien años. A mí la corrida me parece cruel, inhumana. Los espectadores disfrutan de ver a un hombre armado matar a un animal que no puede escaparse.

Candidato/a: Sí, quizá, pero eso es porque la lidia refleja algo muy humano: el deseo del hombre de dominar a los animales. ¿Por qué le parece esto inhumano? ¿Acaso es inhumano matar ovejas, vacas, etcétera, en mataderos y comer su carne? Casi todos comemos carne. Lo que no les gusta a muchos es la manera de matar a los animales, y no el hecho de matarlos. Pues para mí, esta manera de matar es artística, ¿no cree?

Examinador/a: Personalmente, no me parece un arte, aunque muchos expertos digan que lo es.

Candidato/a: Pues yo creo que hay una franja muy amplia de la población de España y del mundo que aprecia los detalles de las corridas de toros y de los encierros, los trajes, el colorido. Digamos que es una costumbre muy antigua y es preciso conocerla para poder apreciarla.

Examinador/a: ¿Crees que hay que promover este tipo de cultura en los países hispanos?

Candidato/a: No sé si exactamente se debería promover la tauromaquia. Hay demasiada oposición hacia este espectáculo, ya que se mata a un animal. Según lo que he leído, hay mucha presión por parte de grupos antitaurinos y de políticos para que se elimine por completo. A mí me parece que, si bien no es necesario promover las corridas, hay que conservarlas como expresión de la cultura española.

Supplementary questions

1 Describe una fiesta de un país hispano con la mayor cantidad posible de detalles.

2 ¿Por qué crees que cada vez son más populares los bailes y la música hispano-americanos?

3 ¿Qué tipo de eventos culturales unen a tu país de origen con los hispanos? ¿Cuáles los diferencian? Describe.

4 ¿Te parece que la tauromaquia debería prohibirse en España? ¿Por qué (no)?

5 "Existe una cultura popular occidental". Si estás de acuerdo con esta afirmación, ¿qué ejemplos la confirman? Si no, ¿por qué?

J History and heritage

Examinador/a: Hablemos un poco de la historia del mundo hispano. ¿Qué evento crees que realmente marcó a los países hispanos históricamente?

Candidato/a: Sin duda, creo que el movimiento para la independencia y su declaración simbolizan el espíritu libre de las nuevas naciones hispanas en América, e inclusive en Guinea Ecuatorial, en África. A diferencia de otras colonias europeas, las campañas de independencia se basaban en los principios de igualdad y buscaban derrocar a los virreyes españoles, que muchas veces eran corruptos y déspoticos.

Examinador/a: ¿Y quién o quiénes crees que se destacaron más en esta tarea?

Candidato/a: Bueno, claro que los próceres mayores de la independencia hispanoamericana fueron José de San Martín, que libertó los que hoy llamamos Argentina, Chile y parte del Perú, y Simón Bolívar, llamado "el libertador de América", que libró del yugo español a la Gran Colombia, hoy Venezuela, Colombia, Panamá, Ecuador y parte del Perú. ¡Fue tan importante que Bolivia fue llamada así en su honor!

Examinador/a: Tengo entendido que en la actualidad hay gobernantes que quieren volver a esos principios bolivarianos. ¿Es así?

Candidato/a: Bueno, Venezuela, de donde era Bolívar, ha sido declarada "República Bolivariana de Venezuela". Lo que sucede es que ahora estos países sufren bajo el yugo de la economía de los países industrializados, como los Estados Unidos, y hay una reacción muy fuerte en contra de la hegemonía económica. Eso por un lado, pero un presidente, como Hugo Chávez, de Venezuela, tiene dejos de dictador, en mi opinión.

Examinador/a: Háblame un poco de la dictadura. ¿Ya se ha superado esta etapa en todos los países hispanos?

Candidato/a: Podríamos decir que sí, pero sin embargo vemos reacciones culturales y sociales que se deben a la dictadura. Si vemos el caso de España, casi cuarenta años de franquismo dejaron no sólo una España fuertemente democrática, sino una en la que la gente todavía se revela contra el gobierno y sus leyes, ¡y la dictadura cayó en 1975! Eso explica por qué son tan progresistas los españoles, o los argentinos, que también sufrieron bajo una dictadura donde hubo/hubieron desaparecidos y una guerra sucia, con tortura y muerte.

Examinador/a: ¿Y tú crees que todos han superado este trance?

Candidato/a: Es demasiado arriesgado generalizar. Hay denominadores comunes en la historia de muchos países, pero cada región es diferente. Ahí tenemos el caso de Chile, donde se toleró que el dictador Augusto Pinochet tuviera derechos como senador vitalicio casi hasta su muerte. Creo que la dictadura de estos

hombres tan crueles, y sus familias, como es el caso de Somoza en Nicaragua, marcó el siglo XX, pero es ya una etapa superada. Como el pueblo hispano ha disfrutado de su libertad ya por décadas, no volverá a tolerar estos abusos de los derechos humanos.

Examinador/a: Entonces, quieres decir que recientemente no ha(n) habido eventos importantes en la historia de estos países, ¿no?

Candidato/a: No, no, para nada. Están simplemente en otra etapa, una en la que se han visto cambios hacia la igualdad, con presidentes aborígenes, como Evo Morales en Bolivia, el primero en su larga historia, en un país con una mayoría quechua y aymará; y con presidentas mujeres, como es el caso de Chile y Argentina, que están progresando mucho. Creo que el siglo XXI trajo consigo una mirada introspectiva de estas naciones, que de a poco fueron saliendo de épocas más turbias.

Examinador/a: ¿Y qué me puedes decir de la historia reciente de España?

Candidato/a: Creo que al ingresar a la Unión Europea en 1985, y el cambio al euro el 1 de enero de 2002 fueron hitos muy importantes en su historia reciente. España realmente ha florecido como país, y se ha desarrollado a un ritmo impresionante. El integrarse a una unión de países como la UE le dio mucho apoyo y los españoles se han puesto a la vanguardia en cuestiones de desarrollo de infraestructura. Eso sí, últimamente se ha enfrentado a una inmigración masiva que ha cambiado mucho su sociedad. Y también está la cuestión del separatismo, especialmente en comunidades como Cataluña y Euskadi.

Examinador/a: ¿Te parece que el futuro de los países hispanoamericanos se asemejará al de España?

Candidato/a: Es muy difícil determinarlo, pero no veo por qué no. Sus historias pueden compararse en el pasado, y creo que en el presente también. Existen organizaciones como el MERCOSUR en Sudamérica que están avanzando, y su desarrollo y estabilidad apuntan a ser como los de España. Lo difícil es considerar todos los factores naturales, sociales y culturales que pueden cambiar el rumbo de sus historias, claro.

Supplementary questions

1 Describe un evento histórico importante de un país hispano en detalle. ¿Cómo ha influenciado a su pueblo?

2 Evalúa la tarea de dos personajes históricos hispanos de gran fama, como el Rey Juan Carlos I de España, Che Guevara, Augusto Pinochet, Evita, etc. ¿Cuáles fueron las consecuencias de sus acciones?

3 En los últimos años, ¿qué evento ha marcado la historia de países como España o México? Justifica tu elección.

4 "Los países hispanoamericanos tienen una historia muy corta comparada con los europeos". ¿Estás de acuerdo con esta afirmación? ¿Por qué (no)?

5 La dictadura, ¿puede llegar a regresar a los países hispanos? ¿Por qué (no)?

K Politics

Examinador/a: ¡Hola! ¿De qué vas a hablar?

Candidato/a: Del llamado derecho de los países de intervenir en la política de un país con problemas. Creo que cuando esto ocurre, como en el caso de Irak o Afganistán, siempre termina en fracaso y la situación política va de mal en peor.

Examinador/a: Pero en el caso de Irak, Estados Unidos intervino para derrocar a un dictador cruel, liberar al pueblo iraquí de la tiranía e introducir la democracia. ¿No te parece justificada esta acción de parte del mundo libre?

Candidato/a: ¡En absoluto! Yo no apoyaría la invasión aun si fuera verdad que los invasores hubieran traído la democracia a Irak. El hombre de la calle en Bagdad y otras ciudades iraquíes sufre más bajo el reino militar de los países extranjeros que lo que sufrió bajo el dictador. Y el llamado "gobierno democrático" no es más que un títere, manipulado por los políticos estadounidenses. Para mí, la verdadera razón para la intervención fue económica, la necesidad de los políticos occidentales de controlar la industria del petróleo.

Examinador/a: Me parece exagerado este argumento. El petróleo va a beneficiar a todos los iraquíes cuando los oleoconductos sean reparados. Y poco a poco los países extranjeros están ganando la guerra contra el terrorismo, que es el verdadero obstáculo para un futuro próspero en Irak. El pueblo iraquí verá, quizás dentro de cinco años, que la intervención les habrá dado su libertad e instituciones políticas estables, como las de los países occidentales.

Candidato/a: No lo creo. En mi opinión, no es muy fácil juzgar la política de otros países desde afuera, porque hay que tener en cuenta la historia y la cultura del país. La historia de África y Latinoamérica nos enseña que sólo el pueblo mismo puede decidir el futuro de su país, y cuando un país extranjero intenta imponer su cultura y su política, esto siempre sale mal.

Examinador/a: Hablas de la democracia en Latinoamérica. ¿Te parece que la democracia no está firme en algunos países hispanos? Yo creo que sigue siendo un tanto inestable.

Candidato/a: Entiendo lo que dice, pero no es tan grave. En la mayoría de los países hispanos ha(n) habido épocas muy duras de régimen militar, ahí está el caso de la familia Somoza y de los sandinistas en Nicaragua, por ejemplo, donde el gobierno está muy controlado por grupos militares o por políticos corruptos. Por suerte, parece que la época de guerras civiles, como la de España, con Franco, han terminado, y la política parece más justa y democrática.

Examinador/a: Hablemos de la política y la lengua. ¿Crees que los políticos deben decidir (en) qué lengua hay que hablar en una región? Creo que es la única manera de unificar a un pueblo.

Candidato/a: No estoy de acuerdo para nada, aunque algunos usen este pretexto. Esto lo vemos en algunas Comunidades Autónomas de España, como en Cataluña, donde el catalán tiene estatus oficial. Esto me parece genial, pero, sin embargo, muchos políticos usan este instrumento cultural como arma para luchar

contra otras regiones y provocar peleas. Creo que es indispensable conservar todas las lenguas regionales, pero no convertirlas en un instrumento político. Después de todo, tener más de una lengua es algo positivo, hablar una lengua no impide hablar o usar otras.

Supplementary questions

1 ¿Te parece que los países más ricos deberían cancelar las deudas de algunos países hispanos? ¿Por qué (no)?

2 Describe cómo se organiza el gobierno de un país hispano (por ej. con un congreso y dos cámaras). ¿Es parecida a la organización de tu país?

3 ¿Qué tipo de política exterior crees que es el mejor? ¿Por qué?

4 "Las guerras son un mal necesario causado por los políticos". ¿Estás de acuerdo con esta afirmación? ¿Por qué (no)?

5 Si pudieras desempeñar un cargo político, ¿cuál sería? ¿Por qué?

L Technological and scientific advances

Examinador/a: Muchos dicen que ésta es la "era de la comunicación". ¿Estás de acuerdo con esta afirmación?

Candidato/a: Totalmente. A mí me parece que ha(n) habido muchísimos avances tecnológicos en ese campo. Hoy en día ya no es un problema comunicarse casi inmediatamente con una persona que esté al otro lado del mundo. Lo podemos hacer mediante el uso de (el/la) Internet, de correos electrónicos o inclusive de teleconferencias con cámaras interactivas. Además, no importa dónde estemos, es posible estar comunicados con el trabajo o la familia mediante el teléfono móvil/celular. Creo que definitivamente estamos mejor comunicados que antes.

Examinador/a: ¿No te parece que actualmente hay un abuso de la ciencia y la tecnología?

Candidato/a: En general, no. Si tomamos como ejemplo lo que he dicho, las personas están mucho más en contacto y se pueden ayudar más fácilmente. Además, aprenden a relacionarse los unos con los otros, con países lejanos, especialmente en un continente tan grande como el americano. Claro que en algunos casos, la ciencia y la tecnología pueden ser controvertidas. Cuando se trata de la clonación, por ejemplo, hay que tener en cuenta la ética.

Examinador/a: ¿Hay algunos avances útiles para los países hispanoamericanos?

Candidato/a: Aparte de los mencionados, pienso que la genética es muy importante allí, porque si uno puede prevenir los ataques de los insectos, por ejemplo, mediante la manipulación genética, se pueden evitar pérdidas grandes, por ejemplo del café en Colombia, y, al producir más, mejora la situación laboral de los países. Esto es definitivamente útil para la mayoría de los países hispanoamericanos.

Examinador/a: Entonces tú opinas que los avances de la ciencia y la técnica son siempre positivos. ¿No es así?

Candidato/a: No necesariamente. La manipulación genética hace más resistente a la naturaleza, por ejemplo. Pero, por otro lado, se modifica el ecosistema, y eso tiene consecuencias negativas también, ya que muchos animales que no pueden adaptarse a las nuevas plantas, mueren. También hay muchas invenciones técnicas con el fin de ganar dinero solamente, y no para mejorar la vida. Aun así, estos cambios, si están supervisados por el gobierno y por organizaciones como Greenpeace, favorecen a la economía de países como los de Centroamérica.

Supplementary questions

1 ¿Qué avances técnicos han cambiado nuestras vidas en tu opinión? ¿Cómo?

2 ¿Te parece que las investigaciones científicas deben ser controladas por el gobierno? ¿Por qué (no)?

3 ¿Crees que la tecnología de la comunicación mejorará aún más en el futuro? ¿Por qué (no)?

4 ¿Qué tipos de avances científicos son necesarios para ayudar a países hispanos? ¿Para qué servirían?

5 El uso de (el/la) Internet, ¿qué beneficios tiene para países como España?

Common pronunciation problems

This section deals with the most problematic areas that students encounter when learning Spanish pronunciation. It is strongly recommended that you read each subsection carefully and that you practise saying the examples provided in the way described. If possible, do this accompanied by a native or proficient Spanish speaker, who can assess your performance. It is very important that your pronunciation and intonation be as near-native as possible at both AS and A2.

1 Vowels

English presents a set of twelve phonemes for the five vowels of the alphabet, but in Spanish each vowel represents only one sound, which is clear cut and almost always equal in duration. Thus, the vowels in the following Spanish words, although of intermediate duration, should sound similar to the English:

	Spanish	English
/a/	Panamá	path (but shorter)
/e/	nene	set
/i/	sí	see (but shorter)
/o/	como	mock
/u/	luz	put

The vowel 'u' is mute in the combinations 'gue', 'gui', 'que' and 'qui'. Try saying the following bearing that in mind:

guerra   guitarra   quemar   esquina

If the 'u' is to be pronounced in 'gue' or 'gui', it should carry a diaeresis, as in:

agüero   lingüística

2 Diphthongs and triphthongs

A diphthong is the occurrence of two vowels together to make one syllable: two 'weak' ones ('i' and 'u') or a 'weak' one and a 'strong' one ('a', 'e', 'o'). Each vowel will retain its original Spanish sound. If you are an English speaker or are fluent in another language, it is important to bear this in mind. Try pronouncing every vowel in the diphthongs found in the following words:

aire	afeitarse	etnia	coima/hoy	cuando
aula	deuda	hielo	COU	hueso
	Europa	biólogo		fuimos
		ciudad		cuota

The same rule applies to the pronunciation of triphthongs, or the occurrence of one strong vowel and two weak ones in the same syllable, as in:

vaciáis	espaciéis
menguáis/Uruguay	haliéutica
miau	apacigüéis/buey
guau	hioides

3 Consonants

b and *v*: Spanish phonemes /β/ and /b/

Do not forget that, unlike English, the letters *'b'* and *'v'* sound exactly the same in Spanish, both slightly stronger after a consonant or at the beginning of a sentence: /b/, and both softer between vowels: /β/.

Qualitatively speaking, the sound of the first letter of the words *burro* and *vaca* is exactly the same, and should be almost the same as the first sound in English 'boy'.

Practise saying the following words making 'b' and 'v' sound the same:

barrio — varicela   beber — vestido   bisabuela — vivir   boca — vocación
bueno — vulgar

c, *s* and *z*: Spanish phonemes /θ/ and /s/

One of the most noticeable characteristics of spoken peninsular Spanish, and more specifically, of the Castilian spoken in central and northern regions of Spain, is the pronunciation of the consonant 'z' in any position, and of the consonant 'c' when followed by 'e' or 'i'. In these regions, this is the same as the first sound in the English 'thought', phoneme /θ/. This does not occur, however, in Andalucía and the Canary Islands, which, like the rest of the Spanish-speaking world, use the phoneme /s/ in its place, as in the English 'sun'.

Pronounce the following words using either /θ/ or /s/, according to the variety you use:

zarzuela	zozobrar	ceniza	circunstancia
zeta	zurdo	sincero	ciencia
zigzag	azucena		

Try to distinguish the /θ/ sound in the following problematic pairs:

caza — casa   decente — ése   canción — televisión   azote — asomar
azul — asustar

The first words have the /θ/ sound in central/northern Spain and the second contain the /s/ sound in *any* Spanish-speaking country, including the whole of Spain, because it is a straightforward 's'.

ch: Spanish phoneme /tʃ/

This Spanish consonant — considered as a separate letter because it represents an individual sound and not the combination of other sounds — sounds exactly the same as in the English 'child' and never as in the German *ich*, the French *chère* or the Italian *chiostro*. Try saying the following words out loud:

chabola   derroche   chicharrón   estrecho   chubasco

h

Unlike in English, this letter is *completely mute* in Spanish. It should *never* be pronounced, not even slightly. Practise saying the following words out loud:

hamaca   hermana   hielo   alcohol   huelga

j and g: Spanish phonemes /x/, /ɤ/ and /g/

The consonant 'j' and the combinations 'ge' and 'gi' have a sound represented by the Spanish phoneme /**x**/, which is the one found at the end of the Scots/English word *loch* and the German *ich*. This is strong in certain regions of Spain and Spanish-America, but is markedly soft in the Caribbean, where it sounds like the first letter of the English 'hat' (represented by the phoneme /**h**/).

Try saying the following words containing the phoneme /**x**/ (or /**h**/ if you find it easier).

ajo	gente
tejer	agenda
jitomate	giro
jota	agitar
Tijuana	gitano

The consonant 'g' represents two further phonemes:

- /g/ when not preceded by a vowel, such as at the beginning of a sentence or a single word. This is a strong sound, similar to that in the English 'gas' and 'guide'.

- /ɤ/ when intervocalic, i.e. between two vowels, whether from the previous word or the same one. This is a softer sound than in English (without the 'explosion' at the beginning).

Note that in the combinations 'gue' and 'gui', the letter 'g' will take either of these pronunciations, as indicated by the use of the 'u', which is silent in this case.

Say the following words, bearing the above in mind:

Gaudí	elegante
gota	agotador
gusano	aguja
guerra	aguerrido
Guipúzcoa	águila

ll and *y*: Spanish phonemes /j/, /ʎ/, /ʒ/ and /ʃ/

The first thing to remember is that 'll' is never pronounced as in English. While being pronounced slightly stronger at the beginning of a sentence, the Spanish consonants 'll' (considered as a separate letter because it represents an individual sound) and 'y' have several different types of pronunciation, depending on which variety of Spanish one speaks:

(a) In most Spanish-speaking countries, both consonants are pronounced /j/, which is the first phoneme found in the English word 'you'. Therefore, in most areas of Spain and Spanish America, both 'll' and 'y' will sound *exactly the same* in words such as *callo* /ˈkajo/ and *cayó* /kaˈjo/. Compare with (c).

(b) In certain other areas, such as Castile, in Spain, Paraguay, Bolivia and Peru and the northeast of Argentina, the distinction between the two consonants has been retained. Thus, 'll' is pronounced very much as 'lli' in the English 'million', represented by the phoneme /ʎ/, and is very different from that of the letter 'y', which sounds as /j/, or even /ʒ/ or /ʃ/. Try distinguishing between:

allá — raya   muelle — yeso   hollín — yídish   callo — cayó   lluvia — desayuno

(c) In the River Plate region, comprising the centre and southeast of Argentina, and Uruguay, the pronunciation of both letters will be similar to that of the 's' in the English word 'television', represented by /ʒ/, and is nowadays pronounced increasingly like the first sound of the English 'shop', represented by /ʃ/. Therefore, in those areas of South America, these letters will sound *exactly the same* in words such as *callo* /ˈkaʒo, ˈkaʃo/ and *cayó* /kaˈʒo, kaˈʃo/. Compare with (a).

ñ: Spanish phoneme /ɲ/

The sound of this Spanish consonant (considered as a separate letter because it represents an individual sound) does not feature in English, the most similar sound being that of the combination 'gn' in the English 'poignant'.

Distinguishing the 'n' from the 'ñ' is very important not only in speaking, but also in writing, since the use of the 'ñ' changes the meaning of a word. Try pronouncing the following pairs:

cana — caña
danés — dañes
penita — peñita

mano — maño
anublar — añublo

r and *rr*

In order to pronounce these Spanish consonants, one has to imitate the sounds for them found in certain Scottish accents (e.g. 'character', 'road'). In Spanish, the 'r' is softer when occurring in the middle of the word, and it is rolled when it is placed at the beginning of the word, or is double. Try saying the following out loud:

cara — rayo
pares — respeto
París — rifar

caro — carro
nerudiano — Rusia
ferrocarril

The 'r' and the 'rr', especially in the combinations 'tr' and 'dr', can also be pronounced as a 'sibilant' in certain countries of Spanish America. In the Andes, parts of Mexico, Paraguay, Bolivia and the north of Argentina, instead of being pronounced softly or rolling the consonant, the sound is like that of the 's' in the English 'vision', but stronger, and is represented by /ř/.

x: Spanish phoneme cluster /ks/

This letter sounds the same as when it is followed by a strong consonant in English, as in 'excitement' (never as the soft English pronunciation found in 'example'). However, in Spain and some Spanish-American regions, it is often pronounced /s/ before most consonants. Try saying the following words:

examinador   éxito   excelente   éxodo   exhumar   explicar   extracto

The *few* exceptions, when this consonant sounds like the consonant 'j' — and can be exchanged for that letter — are found in proper names such as *Ximena/Jimena, Xavier/Javier*, and, more notably, some Spanish-American place names, mostly found in Mexico, which derive from native American languages: *México/Méjico, Oaxaca*.

AS pointers

- When performing a role-play with the examiner, establish which register you are going to use *from the very beginning*: the familiar *tú* (or even Spanish-American *vos*) or *vosotros*, or the formal *usted* or *ustedes*. Mixing the two registers could cost you marks, and when done in real life can even sound rude. You can write the most appropriate register in colour on top of your preparation page, if you have one.

- Keep your pronunciation and intonation as authentic and as clear as possible. Decide early in your course whether you want to have the pronunciation of *central and northern Spain* or that of *southern Spain, the Canaries*

and Spanish America. One of the most distinctive markers is the pronunciation of 'z' and 'ce/ci'. Do not mix the patterns up. Be consistent.

- Remember to articulate consonants, and especially vowels. Pay special attention to pronouncing the ending of words clearly. These two precautions will not only make you sound more near-native, but they will prevent confusion between grammar and vocabulary items, for example: *cara* and *caro*, *inglés* and *ingleses*.

- When preparing for the oral exam, think of key words related to the activities and write them down, if you can, as soon as you recall them. Treat these as reminders. *Do not attempt to read from the text/examination card or your preparation sheet any more than is absolutely necessary*, either during your presentation, discussion or role-play. Not only does it sound unnatural, but it could be penalised, since this is a speaking exam and not a reading one.

A2 pointers

In addition to the AS pointers, remember to consider the following when practising your speaking skills at this level:

- If you find yourself at a loss for words, try to paraphrase what you want to say until the specific word or phrase comes to mind. The examiner will usually help you if you get stuck.

- During a conversation with the examiner, you will be expected to recall words and phrases 'on your feet'. If you make a list of keywords during your preparation time, this will be a lot easier.

- Make sure that the spoken 'connectives' you use to string your ideas together are varied and more specific than at AS (all connectives are in blue in the sample dialogues for each topic). For example, the sentence:

  No hay que olvidar los valores de la familia hispana.
  looks and sounds more advanced when put in this way:
  A mi parecer, sería importante tener en cuenta los valores de la familia hispana.

- Certain boards, such as Edexcel, will require you to challenge the views of the examiner at this level. For that purpose — and even if your board does not expect you to debate — practise using the oral 'contrasting connectives' highlighted in blue in the sample dialogues for some topics. Be assertive when contrasting your ideas with those of the examiner, and don't forget to find good reasons for your views.

- It is essential not only to connect your ideas in a sensible, comprehensible way, but to *link your opinions to the social and cultural reality of a Spanish-speaking country*. Many students lose marks when expressing their opinions, simply because they forget to do this. For example, on the topic of smoking, they base their opinions on smoking habits in Great Britain, when they should be focusing on Spain, where smoking is far more popular and accepted, or on Spanish-American countries, where the reality is different again.

The A2 specifications for each of the three English examination boards from 2008 onwards incorporate cultural and literary topics into the written examinations in a broadly similar way. A number of Hispanic topic areas are specified and the work that you carry out is assessed by an essay question set by the board. In principle, you choose which cultural or literary area(s) you wish to investigate from the list of those prescribed. It is also possible to prepare a cultural/literary topic for the A2 oral, but the boards vary in their approach to this part of the examination.

AQA offers five cultural topic areas: the study of a Hispanic region, a period of history, an author, dramatist, poet or artist (whether director, architect, musician or painter). Edexcel lists four areas: a geographical area, a historical study, aspects of modern society and literature and the arts. OCR's cultural sub-topic covers literature and the Arts, political issues and heritage and history. For the OCR oral examination, you choose a sub-topic related to the contemporary society, cultural background or heritage of a Hispanic country, which you then discuss with the examiner.

Whichever board you are studying for, therefore, some degree of cultural study is necessary, and you may pursue a literary topic if you wish. In order to help you prepare usefully for the study of a cultural topic, this chapter provides focused information and vocabulary. The chapter comprises model studies of four cultural topics, two related to Spain and two to Spanish America, as well as a study of a literary topic/work. A list of sample essay titles follows each of the topics. Much of the vocabulary used in these five studies is transferable to other topics, and you can profit from using it at both AS and A2. Look out for the words and phrases highlighted in blue, which can be used for a presentation, either oral or in writing, of other topics and regions, both literary and non-literary.

This chapter is subdivided into the following five sections:

- **A** **Study of a region in Spain:** Andalucía
- **B** **Study of a Spanish topic:** España desde 1975
- **C** **Study of a Spanish-American country:** Ecuador
- **D** **Study of a social question in Spanish America:** Argentina: inmigración versus emigración
- **E** **Study of a literary work:** "Como agua para chocolate", de Laura Esquivel

A Study of a region in Spain
Andalucía

The information given in this section presents themes and terminology that are useful for *any* region that you are studying.

Study of a region in Spain

There are several fundamental aspects which you should know when studying a region. The best starting-point is the region's geography: towns, rivers, mountains, ports, outstanding natural features and infrastructure. For this part of the study you need a map with sufficient relevant detail, such as the one below.

1 La comunidad autónoma

Andalucía es la más grande de las 17 Comunidades Autónomas de España. Su superficie es de 87.300 kilómetros cuadrados/km^2 y tiene un tamaño superior al de algunos países europeos. Comprende 8 provincias: Almería, Cádiz, Córdoba, Granada, Huelva, Jaén, Málaga y Sevilla. La comunidad tiene una población de más de siete millones, la quinta parte de la población de España. Sevilla es la capital de la región y sede del gobierno autonómico (la Junta de Andalucía). Actualmente, Andalucía es gobernada por el PSOE (Partido Socialista Obrero Español).

2 Historia

Andalucía es una región muy antigua, descubierta por los fenicios y griegos. En el siglo III a. de C./antes de Cristo fue ocupada por los romanos; éstos dominaron la región, que llamaban Bética, durante 700 años. Sin embargo, la herencia que más destaca en la Andalucía de hoy es la de los árabes, que llegaron a la Península a comienzos del siglo VIII y cuya capital era Córdoba. Esta ciudad y Granada aún conservan un patrimonio arquitectónico árabe muy impresionante, la Mezquita y el palacio de la Alhambra, por mencionar sólo dos construcciones moras. Después de la caída de los árabes en Granada, en 1492, comenzó la época moderna cristiana; al mismo tiempo, Sevilla llegó a ser el punto de partida del descubrimiento del Nuevo Mundo, entonces llamado Las Indias, hoy América. Hoy día, Andalucía ha conseguido cierta independencia política y administrativa dentro del Estado español, a raíz de su Estatuto de Autonomía de 1982.

3 Clima

Esta región tiene un clima **muy cálido todo el año,** por lo que atrae a **visitantes en todas las estaciones.** Esto sucede aún **en su costa atlántica,** donde, a pesar de que haga más frío **en el invierno** que en la costa **mediterránea, el turismo continúa apreciando la imponente Costa de la Luz.**

4 Infraestructura

Andalucía cuenta con una red extensa de **autopistas y autovías,** que conectan **los grandes centros de población. La primera línea del AVE (tren de alta velocidad) del país unía a Madrid con Córdoba y Sevilla, y ésta** ya se ha ampliado **hasta Málaga. Hay aeropuertos internacionales en Málaga, Sevilla, Granada y Jerez y** en la costa destacan unos grandes **puertos marítimos, como Algeciras, aparte de sus puertos históricos, como el Puerto de Palos en Cádiz, desde el que zarpó Cristóbal Colón en su viaje de descubrimiento de América.**

5 Economía

En el pasado **Andalucía era una región pobre, pero** en años recientes **la renta per cápita ha aumentado mucho, y el paro/desempleo está bajando actualmente.** Las principales industrias están vinculadas con **la agricultura: el aceite de oliva, las frutas, el vino y los cereales. La ganadería también** juega un papel muy importante en la economía de **Andalucía.** Una parte de **estos productos se dedica a la exportación.** Además de **la elaboración de los productos agrícolas, las industrias principales son la minería, la industria petroquímica y la construcción naval.** El sector de **servicios,** sobre todo **el turismo,** provee mucho empleo en la región y **es considerado una "industria sin humo".**

6 Medio ambiente

Andalucía está al sur de **España y** parece/actúa **como un puente entre Europa y África.** La parte occidental de la región está dominada por **el río Guadalquivir. Dos** importantes espacios naturales atraen a gente de todas partes: **el Parque Natural de Doñana, en la provincia de Huelva, y la Sierra Nevada, al sur de Granada. En estos parques sobreviven especies raras,** algunas de ellas en peligro de extinción, **como el águila imperial y el lince ibérico.** El interés por la naturaleza se extiende a **las ciudades, que están llenas de árboles, tales como limoneros y naranjos, y lucen calles adornadas con flores.** Actualmente, se explotan **energías renovables** a lo largo y a lo ancho de **esta Comunidad Autónoma. Al tener la mayor radiación solar de toda Europa,** se desarrollaron muchas centrales de energía **solar como la de Almería, y** se aprovecha **el viento con estaciones eólicas. Esto constituye un ejemplo de aprovechamiento de los recursos locales** sin perjuicio del medio ambiente.

7 Cultura

Andalucía se identifica con la pasión religiosa. Las procesiones de Semana Santa por las calles de Sevilla, con sus nazarenos, atraen a gente de todo el mundo. Inmediatamente después de Semana Santa se celebra una fiesta más laica, la Feria de Sevilla, que tiene sus raíces en un mercado de ganado del sigo XIX. La romería del pueblo de El Rocío, al lado del Parque de Doñana, es la más concurrida de España. Cada año, en mayo, un millón de penitentes va allí para adorar a la Virgen con un espíritu de devoción intensa.

El flamenco es otra manifestación cultural muy andaluza. Se compone de una mezcla de la música tradicional de los gitanos con elementos de otras culturas. En su versión más sencilla, el flamenco consiste en un guitarrista y un "cantaor" o "cantaora" del "cante (jondo)" flamenco. Entre los bailes más populares de este género musical están las bulerías y las sevillanas.

Andalucía ha realizado un aporte enorme a la literatura y pintura españolas. Destacan poetas tales como el maestro del siglo XVII, Luis de Góngora, y los del siglo XX, Antonio Machado, que nació en Sevilla, y el granadino Federico García Lorca, autor del *Romancero gitano* y de las obras de teatro *Bodas de sangre*, *Yerma* y *La casa de Bernarda Alba*. En la pintura, la gran figura es el sevillano Diego Velázquez, pintor de "*La Venus del espejo*", "*Las Meninas*", entre otras tantas obras, y miembro de la corte del rey Felipe III.

Finalmente, la cocina andaluza tiene fama por sus sabrosos platos, cuyo ingrediente principal es el aceite de oliva. No es de sorprender que, en un clima tan cálido, una sopa fría sea el plato mejor conocido por todos: el gazpacho andaluz. Esta mezcla de tomate, pimiento verde, pepino, ajo, aceite de oliva y pan, es conocido en el mundo entero.

8 Supplementary questions

1 Describe brevemente las características geográficas y el clima de una Comunidad Autónoma de España o una región de Hispanoamérica. ¿Qué industrias pueden desarrollarse allí? Explica.

2 Compara la infraestructura y la economía de la región que has estudiado con otra región hispana o de tu país de origen.

3 ¿Cómo es el medio ambiente en la región que has estudiado? Explica cuáles son sus problemas y posibles soluciones.

4 En la región hispana que has estudiado, ¿qué hechos históricos han sido más importantes en el pasado reciente?

5 Analiza las industrias de la región hispana que has estudiado y proyecta los próximos años y cómo pueden desarrollarse.

B Study of a Spanish topic
España desde 1975

1 Historia

La figura del **dictador Franco** dominó la vida de los españoles durante **36 años,** desde el final de **la guerra civil española hasta su muerte en 1975. A la muerte del general siguió un período de inestabilidad política** llamado *la transición a la democracia,* en el cual los políticos dudaron si romper totalmente con el pasado o reformar paulatinamente las instituciones del Estado. **En 1978** se estableció **la Constitución, que** dio a los ciudadanos **españoles** lo que les faltaba: **las libertades y los derechos de un estado democrático moderno.** Al mismo tiempo **el gobierno creó una nueva estructura administrativa del Estado, dividiendo el país en 17 comunidades autónomas. A muchos militares no les gustó nada este proceso. Las Fuerzas Armadas** seguían siendo una amenaza hacia **la política democrática** durante todo este período: **el 23 de febrero de 1981 (llamado el "23F") el coronel Tejero, de la Guardia Civil,** irrumpió **en las Cortes Generales** para intentar establecer **un nuevo Gobierno militar. El rey de España, Juan Carlos I,** se opuso al **intento de golpe de estado, que** fracasó como consecuencia. El año después del *tejerazo,* **el pueblo español eligió a un gobierno nuevo,** encabezado por **el sevillano Felipe González, del PSOE (Partido Socialista Obrero Español) y terminó la transición. González** emprendió un programa de **reforma política, social y económica.** Cuando cayó **el Gobierno socialista en 1996, España** se había convertido en **una democracia mucho más fuerte y próspera, con instituciones políticas seguras. Un presidente conservador, José María Aznar (Partido Popular) siguió a González.** Su política **económica prudente** aseguró la continuación **de la modernización y de la prosperidad del país. El socialismo volvió con el Presidente del Gobierno desde 2004, José Luis Rodríguez Zapatero,** quien también ganó las elecciones de **marzo de 2008.**

2 Economía

En la época de Franco, **el régimen** siguió una política muy tradicional **de** *autarquía* (el aislamiento de una economía del mundo exterior). A finales de los años 50, los **políticos** se dieron cuenta de que **esta política había fracasado, y** desde ese momento se comenzó a **modernizar la economía.** En los años 60, el gobierno intentó convencer **a las empresas multinacionales para que invirtieran en España y despegó la industria del turismo. Así se produjo un "milagro económico",** que preparó el terreno para **la modernización de** la economía de los años **80 y 90.**

En los 70 y a comienzos de los 80, España **negoció su ingreso a** la Comunidad **Económica Europea,** que ocurrió finalmente **el 1(ro.) de enero de 1986. El Gobierno socialista de González** siguió una política más bien de **derecha** que **de izquierda,** que conduce al conflicto con **los sindicatos laborales, CC.OO. (Comisiones Obreras) y la UGT (Unión General de Trabajadores), y a tres huelgas generales entre 1989 y 1994.** Dos de los problemas fundamentales **de la economía eran la falta de**

flexibilidad en los contratos de la mano de obra y el gran número de industrias pertenecientes al Estado, algunas de ellas no rentables. En los años 80 y 90 se flexibilizaron más los contratos y se vendieron "las joyas de la corona", es decir, se privatizó la mayoría de las industrias estatales.

Hoy en día, el sector de los servicios, sobre todo el del turismo, sigue siendo la fuente de ingresos más segura de España y da trabajo a millones de españoles. Con dicha economía floreciente, en 1999, España entró en la Moneda Única Europea, y en 2002 abandonó la peseta y se introdujo la nueva moneda, el euro.

3 Sociedad

La nueva Constitución de 1978 dio un gran impulso a la reforma social. En los años 80 y 90 los socialistas introdujeron muchas leyes relacionadas con la reforma. Entre ellas destacan la Ley de Divorcio (1981), la Ley General de Sanidad (1986) y la Ley de Ordenación General del Sistema Educativo, también llamada LOGSE (1990). A finales de los 90 y en los primeros años del nuevo siglo fue necesario reformar la Ley de Extranjería con motivo de los problemas graves que surgieron con la inmigración. En la primera década del 2000 se legalizó el matrimonio homosexual y la Ley para la igualdad efectiva entre mujeres y hombres.

Fue en los (años) 80 cuando España salió del puritanismo que había caracterizado al régimen de Franco. En Madrid surgió *la movida*, palabra que simboliza la nueva liberalización de las costumbres; esta nueva libertad y la alegría que la acompañaba se reflejan en las películas del cineasta manchego Pedro Almodóvar.

4 El terrorismo

A finales de los años 50, un grupo revolucionario, ETA (Euskadi Ta Askoatasuna; en español, Patria Vasca y Libertad), surgió en el País Vasco, en el norte de España. En un principio, este grupo expresaba una reacción en contra del tratamiento brutal que habían recibido los vascos a manos de Franco durante la guerra civil y en los años 40 y 50. Aún hoy, ETA quiere un País Vasco totalmente independiente de España. Una de las bases de su movimiento consiste en el uso de la lengua vasca, el *euskera*, que habla un 25% de la población de la región. En 1973, el grupo tuvo un gran impacto político al asesinar al presidente del gobierno franquista, el almirante Carrero Blanco, y a partir de aquel momento comenzó un período de terrorismo en el que murieron muchos inocentes. A pesar de varias treguas, demasiado optimistas, con las que se intentó negociar la paz, los asesinatos continuaron durante los años 80 y 90. El nuevo siglo amaneció y, aunque hubo más negociaciones entre el Gobierno y ETA, no tuvieron éxito y siguió la actividad terrorista. El 11 de mazo de 2004 las atrocidades de esta banda fueron eclipsadas por un suceso insospechado y brutal: en Madrid, unos terroristas de Al Qaeda plantaron bombas en cuatro trenes de cercanías. Murieron 191 personas en este atentado. El Gobierno del PP (Partido Popular) echó la culpa a ETA erróneamente. Se supo rápidamente que el grupo terrorista vasco no era responsable y, como consecuencia, el pueblo español rechazó al PP y eligió un gobierno socialista, encabezado por José Luis Rodríguez Zapatero.

5 Supplementary questions

1 Describe brevemente un evento histórico importante de un país hispano y cómo ha influido en el futuro del país.

2 Analiza el desarrollo de la economía de España desde la muerte de Franco. ¿Ha tenido éxito o no?

3 ¿Qué tipo de leyes afecta a los jóvenes y a los inmigrantes en España u otro país hispano? Explica brevemente.

4 En tu opinión, ¿qué personaje histórico es el más importante en el país hispano que has estudiado?

5 ¿Cómo se puede poner fin a los problemas recientes en el país hispano que has estudiado?

C Study of a Spanish-American country
Ecuador

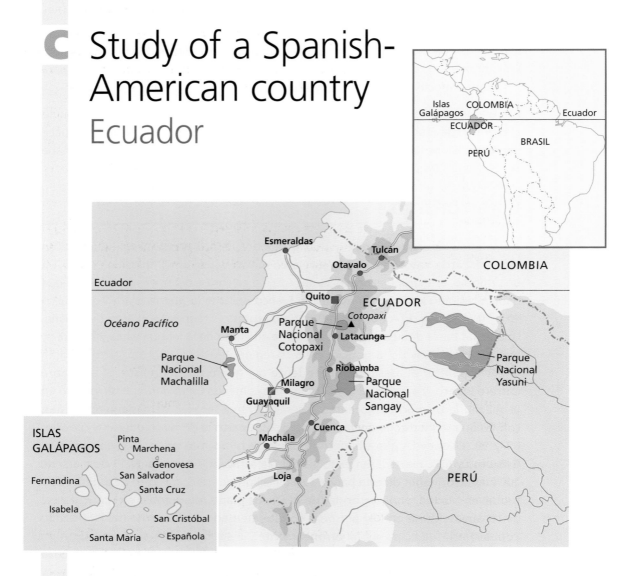

1 Características geográficas

La **República del Ecuador** se encuentra ubicada, como su nombre lo indica, **precisamente sobre la línea ecuatorial.** Es un país de **inmensa diversidad geográfica,** con una superficie de **sólo 272.045 km²,** la cual se ve afectada por **actividades volcánicas, sismos frecuentes y terremotos.** Las estaciones del año son **sólo dos: la húmeda, o de lluvias, y la seca.** Debido a su ubicación y accidentes geográficos, este país presenta diversidad de **climas de acuerdo a cada zona.**

2 Breve reseña histórica

Esta nación presenta numerosos grupos **indígenas, los cuales** conservan tradiciones milenarias. **Las tribus americanas, algunas expansionistas y otras pacíficas,** se habían unificado en gran parte **en el norte y en el sur, cuando** fueron invadidas por **los incas.** Sin embargo, no tardarían en ser doblegadas por **los conquistadores españoles, al mando de Francisco Pizarro.** Le siguieron duros años de gobierno **colonial.**

Si bien **Simón Bolívar** logró unificar a esta entonces región **con Colombia y Venezuela** para formar **la Gran Colombia,** hacia el año **1830 Ecuador** se convirtió en un país soberano e independiente **de esta unión.**

La historia más reciente de **Ecuador** se asemeja mucho a la del resto de **los países hispanoamericanos,** con períodos de gobierno militar **que duraron hasta 1979,** con gobiernos democráticos desde entonces. **La frontera con el Perú** fue la causa de una corta guerra **con el país vecino en 1995.** Desde 1969 compone el **CAN (Communidad Andina de Naciones), con Colombia, Perú y Bolivia, y desde 2004** se ha incorporado como **miembro asociado al MERCOSUR (Mercado Común del Sur, formado por Argentina, Brasil, Paraguay, Uruguay y Venezuela),** asociaciones que estimulan el desarrallo de **sus miembros.** Tras la "dolarización" de su economía, y debido en parte a **la emigración,** el índice de **pobreza en Ecuador ha disminuido considerablemente.**

3 La cultura

Ecuador es un país reconocido internacionalmente por su **variedad cultural y su calidad artesanal y artística.** Este país se caracteriza por estar formado por **múltiples grupos étnicos, que incluyen a blancos, indios mestizos, mulatos y negros.** Cada una de estas comunidades mantiene vivas sus tradiciones **musicales, oídas especialmente en las "peñas".** La más famosa internacionalmente es **la música del "páramo" o altiplano ecuatoriano.**

Un gran elemento cultural que es conservado en tierra **ecuatoriana es el uso de las lenguas nativas.** La mayoría de **los ecuatorianos habla la lengua oficial: un castellano correcto, claro, bien articulado y bastante pausado;** pero en el caso de la población **indígena o mestiza, su primera lengua** tiende a ser **el quechua, o bien el quichua.** Éstas se pueden **oír en los clásicos mercados de artesanías indígenas.** Las múltiples representaciones de la cultura **ecuatoriana** no parecen pocas cuando **uno observa su producción de pinturas. El estilo indigenista con el que muchos indios describen la vida en sus comunidades** se ha convertido en un sello del arte **ecuatoriano. El famoso pintor quiteño Oswaldo Guayasamín (1919–99)** dio a conocer **un estilo personal y notablemente ecuatoriano** en el mundo entero.

4 El medio ambiente y el ecoturismo

Ecuador es un país tan rico en naturaleza que ésta se ha convertido en una solución económica y en un problema a la vez. La biodiversidad que presenta esta nación está dispersa en sus principales regiones: la costa pacífica al oeste, los Andes en el centro, y la Amazonia ecuatoriana en el Oriente.

La conservación de los bosques tropicales tiene mucho éxito en este país, y tiene importancia internacional, ya que, por ejemplo, con planes especiales, muchos grupos locales reciben fondos para preservar hábitats naturales, e inclusive parte de la deuda externa de Ecuador es pagada mediante esta acción.

El Instituto Ecuatoriano Forestal de Áreas Naturales y Vida Silvestre (INEFAN) es el encargado de proteger las reservas públicas y los múltiples parques nacionales del país. De estos últimos, los más famosos son Cotopaxi (declarado parque nacional en 1975) en el continente, y las Islas Galápagos (parque nacional desde 1959). Este archipiélago, que yace sobre el ecuador mismo, es una de las 21 provincias de Ecuador. Se encuentra a 1.000 kilómetros al oeste de su costa, y es tal su biodiversidad que mereció la visita de Charles Darwin, quien sin duda observó, entre los bosques de cactus, las cantidades de iguanas escurriéndose por la lava de su tierra volcánica y agreste, sus leones de mar, y sus famosas tortugas gigantes de Galápagos, ¡que llegan a pesar 200 kg!, y se inspiró en esta riqueza al formular su teoría de la evolución. Impresiona a biólogos y a turistas por igual el hecho de que existan más de cien especies animales y vegetales en sólo 4.000m^2 de la Amazonia, ¡cantidad muy superior a la de Europa completa! Esto quiere decir que, con el tiempo, los amantes de la naturaleza empezaron a llegar con ansias de conocer dicha biodiversidad, para estudiarla, y para aprender a cuidarla. Esto dio nacimiento a la explotación del "ecoturismo", que, así como en Costa Rica, implica un aporte económico considerable a la economía del país. En muchos casos, los mismos indígenas guían a los turistas a través de la selva amazónica, los ríos o las sierras. Muchos turistas se convierten en verdaderos protectores de tales regiones y aportan dinero a las comunidades indígenas y al Ecuador en general, pero su número ha aumentado a tal punto que el simple hecho de que visiten dichas regiones tan frecuentemente afecta al ecosistema y lo altera, aunque intenten hacerlo con cuidado. También es lamentable encontrar supuestas compañías de ecoturismo que sólo están interesadas en obtener una ganancia personal, y no en proteger el medio ambiente. Asimismo, hay intereses personales que promueven acciones nocivas para la naturaleza: la colonización de tierras, excavaciones de petróleo y minería, por ejemplo.

5 Supplementary questions

1 Analiza la obra de un pintor o arquitecto hispano importante. En tu opinión, ¿qué obra lo/la caracteriza? ¿Por qué?

2 ¿Qué eventos puedes mencionar como realmente importantes en la historia del país hispano que has estudiado?

3 Analiza la expresión de la cultura del país hispano que has estudiado, mencionando géneros y obras.

4 Describe brevemente el clima y el medio ambiente de un país hispano. ¿Cómo puede conservarse?

5 El ecoturismo, ¿es una práctica positiva o negativa en tu opinión? ¿Por qué?

D Study of a social question in Spanish America
Argentina: inmigración versus emigración

Es un hecho conocido que Argentina es un país cuya población es mayoritariamente de origen europeo. Argentina era la "tierra prometida" de millones de europeos que sufrían la pobreza y la falta de apoyo de sus gobiernos durante las últimas décadas del siglo XIX. Es así como, especialmente después de la promulgación en 1876 de la ley llamada de *Inmigración y Colonización* (Ley Nº 817), miles y miles de italianos, especialmente del sur ("tano" viene de "napolitano" y se llama así coloquialmente a todos los de origen italiano en el país), y españoles, especialmente gallegos (así se llama informalmente a los españoles en Argentina), llegaban año tras año a un país que les ofrecía la oportunidad de tener su propia tierra, tan fértil como pueda imaginarse, y trabajar dignamente, con el apoyo del gobierno.

Muchísimos otros inmigrantes, principalmente llegados durante las dos primeras décadas del siglo XX, provenían ya no sólo de una Europa del sur con problemas, sino que escapaban de las atrocidades de la Guerra Civil en España, o de la Primera Guerra Mundial, especialmente los judíos de Alemania, Polonia y Rusia. Muchos otros huían también de la persecución político-religiosa y la pobreza en Francia, Gran Bretaña (especialmente el País de Gales), Italia, o del Medio Oriente, de países como Siria, Turquía y el Líbano, o inclusive empezaban una nueva vida tras la hambruna en Irlanda.

Dichos inmigrantes dieron nacimiento a una población muy cosmopolita que se ha mezclado paulatinamente, a través de los años, para formar la nación argentina del siglo XXI. Esto se ha logrado gracias a la educación primaria y secundaria igualitaria, a la libertad de culto, y a la enseñanza en una lengua común, el castellano. El español de Argentina no sólo tiene características históricas propias, como el uso de "vos" en vez de "tú", sino que indudablemente ha incorporado miles de palabras y expresiones de los inmigrantes, especialmente italianas, ya que aunque el español era el idioma común y oficial, la mayoría de las lenguas y dialectos de los inmigrantes se hablaban en sus casas o en las calles y comercios.

Un hecho curioso se presenta durante los primeros años del presente siglo, ya que se ha invertido la corriente migratoria, y la ahora segunda, tercera, e inclusive cuarta generación de argentinos se ve forzada en muchos casos a regresar a las tierras de sus abuelos, en busca de trabajo y principalmente de estabilidad económica. España e Italia se enfrentan entonces a una inmigración masiva de argentinos que tienen doble nacionalidad o que la buscan, para así repetir el proceso, si bien de manera inversa, vivido por sus antepasados. Aquellos que deciden no emigrar del país

temporaria o permanentemente, se ven de todos modos forzados, en muchos casos, a migrar a las grandes ciudades en busca de mejores trabajos o de oportunidades. Este proceso de migración interna pone a **Argentina** a la par del resto de los países hispanoamericanos o de la **España** de mediados del siglo **XX**.

Supplementary questions

1 ¿Cuáles son las principales causas de la inmigración y la emigración en el país que has estudiado?

2 ¿Cómo se han distribuido los inmigrantes o emigrantes del país que has estudiado? Investiga y explica.

3 ¿Cuál es la política de inmigración en el país hispano que has estudiado?

4 Explica qué hecho importante ha llevado a la inmigración o emigración en el país hispano que has estudiado.

5 ¿Te parece que la emigración y la migración interna, tan común en los países hispanos, podría detenerse? Si es así, ¿cómo?

E Study of a literary text
"Como agua para chocolate", de Laura Esquivel

To revise effectively for literary texts and topics, follow the five steps outlined below. Throughout this process note down brief, apt quotations that support your arguments, and learn them.

1 Reread the novel(s)/play(s), reminding yourself of key ideas. Then write a sentence or two *in Spanish* on the following areas: main themes, characters, structure. Note down the sequence of events as they occur in the text and make a list of key scenes.

2 Look at the list of literary vocabulary in Chapter 1: Vocabulary, Section G: Literature and the Arts, and the specimen paragraphs and sample sentences. Highlight the words and phrases that you think could apply to the text you have chosen.

3 Reread key parts of the text, and identify the words and phrases in the vocabulary list and examples you have highlighted that apply to them.

4 Finally, carry out a more detailed analysis of the themes, characters, a scene and the structure of the novel/play with the help of the questions in each subsection and/or sample papers. Ask your teacher to correct your answers.

5 Form a general personal opinion about the work and write a 250-word summary in Spanish answering the question: "¿De qué trata esta obra?" ('What is this work about?') This will come in useful when you interpret the work as a whole.

1   *Evaluating the author, her period and work*

Laura Esquivel es una escritora y guionista mexicana, nacida en la Ciudad de México en 1950. Se dedicó desde joven a la docencia y descubrió su pasión por escribir obras teatrales para niños. Esto la llevó a trabajar en televisión durante varios años, y posteriormente a escribir guiones para cine.

Después de muchos intentos fallidos en la industria cinematográfica, con gran frustración, escribió la novela "Como agua para chocolate", que se publicó en 1989. En ésta, llevó el realismo mágico al ambiente predominantemente femenino de la cocina. La novela tuvo un éxito tan grande que la autora misma redactó el guión de su película, dirigida por Alfonso Arau. Recibió múltiples galardones, tales como el ABBY (American Bookseller Book of the Year) por esta obra, y obtuvo reconocimiento en el mundo literario. Continuó con la idea de mezclar la cocina y la música con la lectura, como lo demuestra en su obra "La ley del amor", que viene acompañada de un CD. Podría considerarse que si bien su obra conjunta representa el "realismo mágico" hispanoamericano, cada una de sus novelas tiene una temática y estilos diferentes, que a veces rompen convenciones.

Sus obras más recientes son "Tan veloz como el deseo" (2001), en la que un indígena mexicano, Júbilo (basado en el padre de la autora), tiene el don de entender los sentimientos no expresados, y "Malinche" (2007), que cuenta la historia de la conquista de México por Hernán Cortés desde la perspectiva de su intérprete y compañera mexicana, la india Malinche, que hablaba el náhuatl y el maya.

Laura Esquivel está casada con el escritor Javier Valdés y vive en México D.F.

Essay title

Haz un breve resumen de la biografía del/de la autor/a que has estudiado. ¿Por qué consideras que su obra es importante para la literatura hispana? (250 palabras)

2   *Interpreting the work*

"Como agua para chocolate" es una novela que ha cautivado la imaginación de los lectores del mundo hispano, y sus traducciones y versión cinematográfica han demostrado su atractivo especial al mundo entero.

Es una novela que narra la historia de un familiar lejano de la narradora, Tita, en Piedras Negras, un México rural y fronterizo en la época de la revolución, a fines del siglo XIX. En dicha historia se suceden hechos realistas entre sus personajes, como bodas, nacimientos, el rapto de una de sus hermanas y su conversión en revolucionaria, entre otros, pero el hilo narrativo que toma precedencia es la historia de amor entre Tita y Pedro, que a pesar de ser frustrada en un principio, no se rinde hasta el final. Estos sucesos, que podrían considerarse auténticos, se mezclan desde un principio con hechos surreales y mágicos, normalmente conectados con las

emociones que Tita siente y que no puede evitar compartir con los demás a través de la comida que prepara, ya que es la cocinera de la familia. El juego entre la realidad y lo imaginario es presentado de forma conjunta en esta novela, por lo que la obra se inscribe entre las mejores representantes del estilo hispanoamericano llamado "realismo mágico".

Es una novela que atrapa la conciencia de los lectores con sus recetas típicas y exóticas, que abren cada uno de los capítulos, en los que se van saboreando las historias de cada uno de los personajes como si de comer un rico plato se tratara. Su desenlace es tan mágico como su inicio, y nos deja una moraleja positiva, en la que el amor triunfa a pesar de todas las vicisitudes.

Essay title

¿Qué opinas de la historia y del mensaje de la obra que has estudiado? (250 palabras)

3 Establishing the theme

Esta novela tiene por tema central el **amor puro** entre su protagonista, Tita, y Pedro, y la lucha de ambos por llegar a estar juntos a pesar de que la tradición familiar y la sociedad no se lo permiten. La **rebeldía** que resulta de dicha lucha también se observa en Gertrudis, que desafía las convenciones de la época y se convierte en generala revolucionaria.

También se representa **la desilusión**, que siente Tita al ver que no puede casarse con el amor de su vida. Su hermana mayor, Rosaura, al no poder cautivar a su esposo, también se desilusiona y siente celos, y descubrimos que otros personajes, como Mamá Elena y Nacha, tuvieron algún desamor en sus vidas, y todos sienten una **nostalgia** profunda, al sentir que no pueden escapar de la **soledad**.

La **compasión** o su falta son también centrales, y se personifican la primera en el Doctor Brown, que se enamora y socorre a Tita cuando quiere dejarse morir, y la segunda en Mamá Elena, que por tradición familiar no deja a su hija menor casarse con el amor de su vida, porque debe quedar soltera y cuidarla.

Podríamos recalcar que aunque **la magia** de la cocina y las emociones que transmiten los platos, así como la de los fósforos y el amor, no es un tema de la novela, pero subyace en casi todas las acciones de los personajes, especialmente de Tita.

Essay title

¿Cuáles son los temas principales de la obra que has estudiado? (250 palabras)

4 Describing the characters

Los personajes principales de "Como agua para chocolate" son los integrantes de la familia mexicana De la Garza, en particular la hija menor, Tita.

Tita es una joven que nació en la cocina de su casa y que de pequeña estuvo entre ingredientes, ollas y sartenes, y que por lo tanto se expresa con ellos. Al morir Nacha se convierte en la cocinera de la casa, y aunque no se le permite expresar sus ideas, y ella es sumisa ante los designios sociales y de su madre, cautiva a todos con sus comidas, que les transmiten lo que siente.

Su gran amor es Pedro, que debe también resignarse a casarse con Rosaura, hermana mayor de Tita, que aunque desea a Pedro, es poco atractiva. Pedro es un joven buen mozo y apasionado, cuyo amor por Tita no se extingue sino hasta la muerte.

Gertrudis es la tercera hermana de Tita, una joven voluptuosa, de cabellos rubios, apasionada y rebelde. Al comer las codornices en pétalos de rosa, su fogosa pasión hace que la rapten los revolucionarios. Después de trabajar en un burdel, se casa con el general Juan Alejándrez y encabeza la revolución, pero nunca se olvida de su hermana y de su familia. Su móvil es la pasión, y no comprende por qué su hermana menor es sumisa.

Mamá Elena es la madre de Tita y sus hermanas. Es una señora tradicional y conservadora, que no quiere dar motivos a la sociedad ni a las chismosas para criticarla. Es una matriarca fuerte y represora, pero descubrimos que ella también tuvo un amor frustrado. Su fantasma vuelve para reprender a Tita, pero la última finalmente se enfrenta con ella, y el fantasma queda en paz.

El doctor John Brown es un estadounidense que vive en la frontera y que socorre a Tita en su momento de mayor dolor. Al llevarla consigo, se enamora dulcemente de ella, y si bien Tita acepta sus atenciones, él se resigna a que un día volverá a Pedro. Es un hombre educado, dulce y paciente.

Entre los personajes secundarios figuran Nacha, la sabia cocinera de sangre aborigen, que entiende no sólo los efectos de la comida, sino las emociones más profundas de la gente, Chencha, una mestiza de poca educación pero muy honesta, y las chismosas del pueblo, que siempre hacen comentarios a espaldas de Mamá Elena y de sus hijas.

Podríamos decir que la comida de Tita es un personaje sobrenatural de esta obra, porque provoca reacciones extremas en todos los demás.

Essay title

¿Cómo es el carácter del/de la protagonista y de los personajes principales de la obra que has leído? (250 palabras)

5 *Setting the scene and the tone*

Cada uno de los capítulos de "Como agua para chocolate" comienza con una receta de cocina mexicana, que a veces es tradicional, y a veces es exótica, con su modo de preparación. Esto predispone al lector a relacionar los ingredientes y sus efectos sobre los personajes. La autora hace uso de figuras literarias como metáforas, símiles, y especialmente de múltiples imágenes sensoriales (visuales, olfativas y gustativas) para acentuar la emoción en cada una de las escenas.

La obra es narrada en tercera persona. Esta técnica literaria también presenta un personaje omnipresente, la sobrina nieta de Tita, que al no ser ajena a la historia, imprime su visión sobre los hechos.

Podríamos decir que el tono lo establece el título mismo de la novela, ya que decir que alguien está "como agua para chocolate" en México quiere decir que tiene sentimientos que están a flor de piel, calientes como el agua hirviendo para disolver el chocolate. Es un dicho mexicano (ya que el chocolate es oriundo de esa región) que combina el concepto de **pasión** y **comida**, con lo que el lector ya conoce los elementos principales de la obra.

Essay title

¿Con qué técnicas o elementos logra establecer el tema y el tono el autor de la obra en español que has estudiado? Explica. (250 palabras)

6 *Analysing the structure*

La novela "Como agua para chocolate" tiene una estructura **fuera de lo normal**, ya que se presenta en forma de **capítulos** que empiezan con una receta de cocina, que va a ser preparada por su personaje principal, Tita, y que va a ser instrumento en cada parte de su historia. Si bien la estructura no es **circular**, sabemos desde un principio cuál es el problema central de la obra: que Tita no podrá casarse.

Los temas centrales de la novela, el amor puro y la lucha por encontrarlo, la desilusión, la soledad y la compasión o su falta, se presentan también **de forma cíclica**, al volver a reafirmarse cada uno con los personajes que los simbolizan.

Esta novela es de naturaleza **episódica**, aunque cada uno de sus capítulos se entrelaza con los anteriores y posteriores formando no sólo una historia coherente y apasionante, sino un pequeño libro de cocina.

Essay title

La estructura de la obra que has estudiado, ¿es *lineal*[1], *circular*[2] o tiene *escenas retrospectivas*[3]? Justifica tu respuesta con ejemplos. (250 palabras)

[1] se desarrolla sin cambios de tiempo, [2] empieza por el final y vuelve a él, [3] muestra el pasado en algunos episodios

AS pointers

When preparing to talk or write about a topic and/or literature at A2, remember:

- It is essential that the information you use in your presentation and/or your writing be based on reliable sources. Do not assume that something you *think is true* actually is. For example, it is incorrect to think that Spain and all Spanish-American countries have a hot climate in all their regions: the Basque Country, in the north of Spain, Patagonia, in the south of Argentina and Chile, and Bolivia are places where it can be very cold indeed, either because of altitude or latitude.

- When writing an essay or making a presentation, a good range of vocabulary and grammar structures at this level should be accompanied with words or turns of phrase that are specific to history, literature etc. You will find many of these, highlighted in blue, throughout this chapter. It is advisable that you use them.